I0839261

Sabiduría perdida en el desierto

Sabiduría perdida en el desierto

*El don de estar escondido en un mundo
en que amas ser notado*

Soufiane Mahboub

Sumario

Regalo para los lectores

Te propongo el siguiente ejercicio de aceptación, para que te ayude a tener un bienestar contigo mismo, y a que tomes más conciencia de ello. Espero que te sirva para lograr tu grandeza interior.

https://sofianmabu.com/buscando-el-consuelo-en-la-fantasia/

Para descargar >> ACCEDER AQUI

Introducción

En primer lugar me gustaría agradecerte que hayas adquirido este libro. Aunque no lo parezca, ya has dado un paso muy importante para comprender este sentimiento de soledad. Muchas personas sueñan con lograr comprender por qué se escondieron en un mundo en que aman ser notados. Sin embargo, no lo logran, y todo eso se queda en tan solo un sueño. Es lo más normal del mundo tener este sentimiento de soledad. Puede ser que te genere un dolor abrumador en la gran mayoría de veces, y hace que no sepas bien qué hacer con eso que se está removiendo dentro de ti. Por eso, hoy te invito a que comprendas este sentimiento y crees un cambio de vida. Porque si no lo haces tú, ¿quién lo hará?

Podrás entender por qué te haces preguntas como: ¿por qué me siento solo, cuando todos te apoyan? ¿Me siento abandonado? ¿Ya no soy el mismo? ¿Por qué quiero estar siempre solo? ¿Es la soledad un hecho o es meramente una palabra? ¿Es posible vivir con la soledad? ¿Sentirse solo es una realidad o un pensamiento? ¿Es lo mismo sentirse solo que estar solo? Podrás aclarar todas estas preguntas y mucho más. Aquello que te remueve, te enfurece, te deja abatido y te genera inseguridad es la definición de soledad. ¿Te has cansado de esperar para poder compartir unas risas, un café, una caricia o simplemente una conversación? ¿Te has cansado mirando tus fotos del pasado, de mirar en tu móvil si has recibido un mensaje, o viviendo en tu pasado? Si es así, este es tu libro.

Sabiduría perdida en el desierto va dirigida a aquellas personas que huyen de las dificultades y que se sienten solas. Para aquellos que tenían una vida social muy activa, y por ciertas circunstancias de la vida una mala suerte lo cambió todo. Para los que algún día se han sentido exitosos y ahora se sienten abandonados y solos. Son personas como deportistas, músicos, artistas y cualquier otra profesión. Para aquellos que escapan de sí mismos.

Para los que cuando inician una meta, al fracasar se sienten solos, cuando el fracaso en sí es un aprendizaje. Para los que cuando la vida les pone un obstáculo, se sienten solos.

Es obvio que no podré exponer en este libro todo lo que se podría decir de la soledad. Porque considero que la soledad cada día nos puede sorprender, hay muchas maneras de experimentar este sentimiento. Y puede ser un campo muy amplio. Estoy seguro de que ni una biblioteca entera bastaría para ello. Por eso, hoy quiero ofrecerte un manual, para que logres comprenderla y poder enfrentarte a ella.

Descubrirás a lo largo del libro que no importa que seas joven o mayor, guapo o feo, rico o pobre, seguro que te sentirás reflejado en algún momento en estas vivencias. Muchas experiencias, sobre todo una que marcó mi vida, como una lesión, pudo hacerme sentirme muy solo. Me vine abajo, pero gracias a varias circunstancias de la vida logré comprender este sentimiento tan poderoso. Decidí que la voz de la soledad no me perturbaría más a nivel emocional, y en cuanto pude, volví a disfrutar de una vida que siempre deseé.

Tardé cuatro años en entender este sentimiento, quizás por desconocimiento, ignorancia o propio ego. La cuestión es que fue demasiado tiempo, y hoy tú, en menos de una semana, puedes aprender todas estas reflexiones, aprendizajes que he obtenido durante los últimos años. También compartiré contigo muchas historias de otros seres queridos que te ayudarán a superar esta maldita soledad.

Esta vez puedes decidir, no huir. Comprende este sentimiento y enfréntate a él de manera inteligente. Verás que es cuestión de tiempo y esfuerzo. Recuerda que en la vida te han sucedido cosas buenas, pero ahora te ha tocado vivir una no tan buena. Lo que realmente marcará la diferencia será en cómo afrontas esta situación. No olvides que el rendirse es la última opción, y siempre hay una opción más.

1. ¿Por qué mi pasión hizo que me quedara solo?

¿Por qué haces aquello que amas? Es muy importante que tengas muy clara esta pregunta antes de que empieces a buscar la causa de tu soledad. Muchas veces, algo que puede parecer tan bello puede dejarte bloqueado en la oscuridad. Te puedo garantizar que una pasión, en ocasiones no es como te la han pintado. Es mucho más duro y difícil. No dudes de que vas a pasar momentos difíciles y complicados en los que tu nivel de superación se pondrá a prueba de manera constante.

En este capítulo, la respuesta a este «por qué» será la que te ayude a superar la soledad por la que estás pasando. Te dará fuerzas para comprender mejor tu soledad y levantarte una vez más. Es muy sencillo parecer que te comes el mundo cuando todo te va bien, sin embargo, cuando no es así, muchas veces no sabes hacia dónde dirigirte.

Por ese motivo, quiero confesarte mi historia, la que marcó un antes y un después en mi vida.

Esta vez sí te pido paciencia. No será un libro de motivación, sino que profundizaremos en muchos aspectos de la soledad de una manera muy especial: comprender el arte de la soledad.

El atletismo ha sido importante en mi vida. Ha hecho que pase muy buenos momentos, pero al mismo tiempo me ha entregado momentos difíciles.

Hubo un día que el atletismo me quitó algo muy importante, ya no por la lesión que me provocó (fractura por estrés), sino por lo que me supondría estar lesionado. ¿Alguna vez tu pasión ha hecho que te volvieras invisible? ¿Cómo puede ser que algo que amemos tanto nos haga esto?

Esta ha sido mi elección, disfrutar de mi pasión pagando un precio. Este precio es la soledad que vendrá a continuación:

decidí hacer lo que me apasionaba, a pesar de saber los riesgos que conlleva. Para comprender más lo que me pasó, os diré que el atletismo era mi vida. Era lo que deseaba siempre hacer, era lo que me daba felicidad en todo momento. Hacía que nunca me sintiera solo. Siempre lo he visto como una forma de vivir la vida. Me acuerdo de que no parábamos de entrenar, de que no parábamos de ver vídeos de deportistas de éxito: Mo Farah, Kipchoge, Bekele entre otros muchos más. Estábamos impacientes en querer mejorar, siempre queríamos mejorar más. Cuando corríamos en los *crosses*, para nosotros era como ir de excursión con el grupo. Nos lo pasábamos muy bien, me olvidaba de todo lo que me rodeaba, de los problemas, solo me centraba en disfrutar del trayecto. Olvidaba que aún no había hecho los deberes, reconozco que en aquel momento no me gustaba mucho estudiar. Las broncas de mis padres eran por hacer demasiado deporte, pero no existían grandes problemas.

Cuando se trataba de ir a entrenar, me sentía feliz, sentía que tenía un compañero conmigo, aun haciéndolo solo. Me sentía (y me siento) vivo. Me llenó muchísimo este deporte porque no tiene límites. Constantemente puedes mejorar y crear tus propios nuevos objetivos. Siempre he pensado que no podía vivir sin objetivos. De hecho, una vida sin objetivos es muy aburrida.

Era tan importante para mí que siempre lo practicaba. Mis compañeros del barrio solían pasar a buscarme a casa. Rápidamente dejaba todo lo que estaba haciendo, fuera comer o cualquier otra tarea, aunque más de una vez me cayó la bronca de mis padres. Para tranquilizarlos, cogía unas frutas y me escapaba con mis compañeros a entrenar. No sé si era entrenar o jugar, ya que lo hacíamos todo el día, no teníamos horario para hacerlo. ¿Te ha pasado que amas tanto algo que no te fijas en el tiempo? Cuando recuerdo la experiencia, me sorprende la cantidad de horas que dedicábamos. Y lo más bueno, que muchas veces llegábamos a casa por la tarde, y cuando parecía que había acabado la sesión, si había alguna competición íbamos al bar o quedamos a la casa de algún compañero para verla. Mi hermano pequeño, Anas, los días que venía con nosotros, volvía a casa como si le hubieran pegado una paliza. ¡Vaya locuras se llegan hacer por una pasión! Ya no sé si era lo correcto, pero era lo que sabíamos y lo que amábamos hacer.

Cuando disfrutas haciendo lo que haces, el término cansancio no existe. Es cierto que a medida que nos íbamos haciendo grandes, pasamos de disfrutar a querer competir y a mejorar, sin conformarnos con los resultados que teníamos. De manera inconsciente, dejamos de disfrutar como lo hacíamos antes. Es importante no conformarte si quieres obtener resultados nuevos, pero es también lo es que se encuentre un punto intermedio. Siempre he pensado que la clave será mantener este inconformismo sin dejar de disfrutar de lo que haces.

Pienso que todo aquello que nos pasa, por muy difícil que parezca, o por muy mala experiencia que tengamos, sucede para que sigamos aprendiendo en esta vida. En mi caso, una lesión fue la que hizo que me sintiera muy solo por mucho tiempo. ¿Cuál fue la causa de tu soledad?

Empecé con el atletismo desde pequeño, a los nueve años exactamente. Es cierto que estuve un tiempo jugando al fútbol, pero regresé al atletismo. Parecía que me llamaba para darme el rechazo, lo que me haría aprender mucho sobre la soledad.

Empecé hacerlo de manera progresiva cuando me apunté a un club de atletismo. Entrenábamos tres veces a la semana, y por nuestra cuenta entrenábamos los demás días. Me acuerdo que cuando me dijeron que tenía que descansar dos días a la semana, dije: «¿Y eso?». Estaba acostumbrado desde joven a salir todos los días, lloviera, hiciera frío o mucho calor. Así de tarados estábamos. Queríamos estar en todo. Por lo que a día de hoy, considero que hay que tener un poco más de calma y hacer las cosas tranquilamente, siendo más eficiente.

He aprendido a base de palos. Digamos que nunca tuve un maestro que me guiara. Me gustaría que este mensaje llegara a los adolescentes para que no cometan estos errores, pero es cierto que los tiempos han cambiado. Ahora parece que hay otras cosas más prioritarias que vivir al límite con tu pasión. Debes tropezar con tus propios baches y aprender de ellos. Si has tenido maestros que te han podido salvar de alguno, perfecto, pero no te olvides de que te vendrán otros que tú deberás afrontarlos solo.

Antes hacíamos locuras que hoy no parecen muy importantes. Por ejemplo, en nuestro caso, salíamos a primera hora de la mañana, y no volvíamos a comer hasta la cena. Y porque nos obligaban a estar a una cierta hora en casa. Si no, a saber lo que habríamos hecho. Hoy en día es muy recomendable para la flora intestinal el ayuno intermitente dando un descanso a tu estómago. De la manera que lo hacíamos nosotros, no lo era tanto, y más inconscientemente.

No nos importaba el calzado deportivo, lo practicábamos con el que teníamos. Si convencíamos a nuestros padres de comprarnos otro mejor, perfecto; si no, no pasaba nada. Seguíamos disfrutando y dándolo todo. Eso de tenerlo todo de golpe es cierto que no es muy bueno si quieres valorar las cosas. En mi caso, de haberlo tenido todo, quizás no me hubiera esforzado tanto en lograr y valorar las cosas. Con esto no quiero decir que no debamos tener ayuda, al contrario. Es bueno saber cuándo recibirla y cuándo nos la deben dar.

¿Sabes cuál es el sueño real de cada niño?, que sus padres compartan la misma afición que ellos. Siempre imaginas hacer aquello que deseas con los seres que más quieres, que son tus padres. Y digo con los que más quieres, porque son los que más deseas cuando eres niño. En mi caso, mis padres simpatizaban con mi deporte, pero no lo practicaban conmigo. Pero mis padres me han dado y enseñado muchas otras cosas más. Desde el cariño hasta lo necesario para vivir. Es cierto que mi madre empatizó mucho más que mi padre, no sé si será cierto aquello que dicen de que la madre siempre empatiza mucho más que el padre. Pero en mi caso, hacia mi deporte fue así.

A los veinticuatro años decidí ir a trabajar y estudiar en Alemania, en Rheda-Wiedenbrück, después de la lesión. Digamos que me sentí tan solo en aquel momento que decidí de manera inconsciente escapar. ¿Te ha pasado alguna vez que te hayas escapado de alguna situación incómoda? ¿Por qué lo hiciste? En mi caso ya no podía más con la situación, sentía que nadie me quería ayudar, ya que las cosas no salieron como quería. Es cierto que esa experiencia me hizo madurar, lo pasé muy bien y logré aprender un nivel muy básico de alemán. Tuve la oportunidad de ver otra cultura, de trabajar y seguir estudiando. Por eso, siempre he pensado que el atletismo me ha dado y quitado muchas cosas al mismo tiempo. Si te estás haciendo la misma pregunta que mis padres, que fue si me ha quitado más de lo que me ha dado, te diría que me ha dado más, aunque en aquel momento no lo veía así.

Al paso de los meses en Alemania, noté mi soledad, noté que me faltaba algo. En aquel momento, no sabía qué era exactamente, aunque tenía mis teorías: la familia, mis entrenamientos y mis compañeros. Intenté adaptarme a la situación, ya que el sistema educativo es muy distinto al que siempre estaba acostumbrado. Estudiamos solamente dos días, y el resto estábamos en la empresa de prácticas aprendiendo la profesión. Es cierto que ahora se está implementando este sistema en España. Así que cuando finalizaba los estudios o mi jornada, iba a las pistas de atletismo para intentar hacer la rehabilitación y recuperarme lo antes posible. Cada día que pasaba, me daba cuenta que debía cambiar aquella emoción, un sentimiento de tristeza, de angustia y soledad. No sabía lo que tenía que hacer, pero debía actuar. Esta vez me encontraba un poco más solo, pues no me manejaba aún con el idioma, todavía no tenía muchos compañeros y lo único que tenía que era mi familia, que había dejado atrás. Creo que todas esas circunstancias más la que ya arrastraba me dieron la habilidad de aprender a resolver mis problemas yo mismo.

Fue entonces cuando me di cuenta de que a pesar de las adversidades que uno puede llegar a vivir, él es el único responsable de superar la situación o quedarse con la que tiene.

Más negro no lo podía ver, así que decidí seguir con la rehabilitación, aunque lo veía muy complicado. No logré disfrutar como lo llevaba haciendo años atrás. Había varios factores que dificultaban la rehabilitación y la práctica, como el clima, la soledad y la comunicación.

Con el paso de los días y de los meses, fui mejorando mi idioma y teniendo nuevas compañías aunque no compartieran todos mi pasión. Un día con lluvia, yendo a las pistas, decidí acercarme al gimnasio, donde anteriormente solo hacía técnica y alguna rutina sencilla, por las molestias. Quería volver a ver atletas entrenar. Fue entonces cuando me vio y se acercó a mí el entrenador del club, Sr. Martin. Digo señor porque en aquel momento me ayudó muchísimo con todo lo que estaba en sus manos, y ya el segundo día me acogió en su casa para intentar ayudarme en todo lo que podía.

Fue cuando empecé a ver un poco de luz. Me comentó que haríamos una rutina de ejercicios específicos, que me ayudaría con la rehabilitación, y así fue. Aunque aquella luz no duraba mucho. Al regresar a casa, volvía a ver la oscuridad de la soledad al verme solo y ser consciente de que el proceso sería un largo proceso.

Es cierto que llegó un punto en el que perdí el miedo a la soledad, no sé si por todo lo que me sucedió o por ver cómo perdía mi pasión y que ya nada me importaba. Aprendí a valorar algo que nunca valoré antes: la familia. Siempre la he respetado, pero nunca me había dado cuenta de lo importante que llega a ser. Quizás porque no me vi sin ella hasta que me escapé a Alemania.

Desde aquí, te animo a que utilices esta herramienta para combatir la soledad. Vive al límite con tu familia, tus padres, tus hermanos y aquellas personas que más amas.

Es cierto que hay personas que no le dan tanta importancia; de hecho, lo ven como algo a valorar. Pero, bajo mi opinión, tenemos tiempo limitado para disfrutar de ellos. Y si no lo haces hoy, ¿cuándo lo harás?

Disfruta de ellos y de aquello que te apasiona. Cometí el error de sentirme solo y derrotado. Pero quizás era lo que me hacía falta para seguir aprendiendo. Cuando más solo me sentía apareció Martin. Quizás intentes escapar como hice yo, pero también te pasará lo que me pasó, tu pasión te seguirá allá donde vayas para no dejarte solo. Por muy solo que te sientas, nunca sabes cuándo volverá a renacer tu versión 1.0.

Estuve dos años aproximadamente en Alemania. Aún pienso que, si no hubiera sido por el apoyo que tuve y la recuperación no hubiera sido tan rápida, habría hecho mi vida en Alemania. Al recuperarme de manera muy eficiente, aunque me iban saliendo otras molestias, cosa que es normal en una readaptación, decidí regresar con la familia y seguir por una pasión.

Como veras, soy una persona normal y corriente que logré superar mi soledad. Cuando decidí regresar, noté cómo esa soledad se esfumaba poco a poco. Llegué a pensar que eran imaginaciones mías. Sin embargo, fue algo que viví de manera muy intensa y dolorosa.

Cuando regresaba de viaje, aún recordaba los buenos momentos que viví, aunque fueron más los dolorosos. Era como si no quisiera regresar, aunque en mi interior lo deseaba. Era como si me hubiera sanado. Todo eso empezó a los dos meses de querer volver a España. Recordé en el vuelo de regreso el Oktoberfest que pasamos. Por si no lo sabías, es la fiesta popular de Alemania, donde la cerveza se bebe por un tubo en Múnich. Te imaginarás cómo me sentía yo, que no bebo alcohol, con algunos compañeros que hice al final de mi estancia en Alemania con tipo de músicas como *Schatzi schenk mir ein*. Tú dirás.

Nos lo pasamos muy bien los últimos meses. Observando desde esta perspectiva, veo todas las cosas que me llevo conmigo, experiencias, amistades, y lo más importante, comprender mi soledad. Estoy contento por lo que me ha ofrecido la vida, tanto por los buenos momentos como por los no tan buenos. También recordé el duro horario al que me tuve que adaptar. Imagínate, despertarte a las cinco de la madrugada para empezar a trabajar a las seis, y ya sabes que en Alemania no puedes fallar ni un minuto, literalmente. Ponía el despertador a las cuatro y media para cambiarme y coger la bicicleta, ya que la firma la tenía a media hora de casa. ¡Vaya tiempos! Me encontraba pedaleando en un ambiente muy frío cuando en España a esa hora estaba en la cama y con un sol en la costa que eché de menos por mucho tiempo.

Cuando pienso todo lo que he vivido, me reconforta. La soledad ha hecho que me lo pase bien, pero al mismo tiempo me ha generado dolor. Al principio pareció que me rendía, pero la vida me estaba mostrando otra oportunidad invisible. Ahora veo las desgracias y la soledad como una oportunidad. Siento que, ante la soledad, quien la sepa aprovechar, puede lograr una gran vida si da un paso más. Después de recuperarme y volver a encontrarme, volví a tener muchas recaídas, pero ya nunca volví a sentir aquella soledad. Seguramente, ya me sabía encontrar rápidamente cuando me perdía. No le guardes rencor a tu soledad, ya que te está brindando una oportunidad discreta.

2. La soledad no es una vía de escape

¿Cómo vencer la soledad? ¿Puedes encontrarte después de estar mucho tiempo perdido? Si comprendes la soledad, jamás escaparás de ella. Sin embargo, si no es así, siempre te perseguirá. Si intentas luchar contra tu soledad, lo único que harás es fortalecer este sentimiento. Cada soledad necesita su tiempo. En mi caso, estuve con ella dos años en los que influyen varios aspectos que aceleraron el proceso. Uno de ellos, como sabrás, fue Martin, mi exentrenador. Es importante que destaque que fui un día al gimnasio en busca de encontrarme otra vez. Ahora bien, ¿qué es esta soledad de la que todos hablamos? Todos la conocemos muy bien, pero no la comprendemos huyendo de ella. ¿No es así? Cuando te sientes vacío, ¿qué sueles hacer?, ¿huyes sin saber hacia dónde vas?, ¿o afrontas la situación con la finalidad de comprender el origen de tu soledad?

En mi caso no fue vencer la soledad, sino comprenderla. No es una tarea de un día, ya que en el estado en que te encuentras lo retrasa aún más. Pero al mismo tiempo, uno no la puede comprender si no la afronta y está siempre comparándose o huyendo. ¿No es verdad?

¿Te ha pasado que has utilizado a los demás para esconderte de tu soledad? Si es así, lo único que estás haciendo es escaparte de la realidad y despistar la mente durante un tiempo.

De manera que si no pones fin de manera consciente a estas distracciones y al escape de tu propia soledad, ella te encontrará. Pero esta vez quizás te coja desprevenido. Por ejemplo, Cayu fue un conocido, él siempre se sentía solo. Podemos decir que nunca tuvo muchas amistades. De hecho, las compraba pagándoles el desayuno, haciendo grandes favores para ellos. Comprenderás que muchos adolescentes quisieran aprovecharse de él. Era consciente de que huía de su soledad, pero no quería comprenderla y afrontarla. ¿Sabes lo que le pasó cuando se quedó sin dinero para invitar a sus falsos compañeros? Le chutaron rápidamente.

Si no quieres que te sorprenda tu soledad, es importante que empieces a comprenderla y a darle toda la atención que se merece. No te engañes. Si te estás preguntando cómo puedes afrontar y dar atención a tu soledad, si tienes miedo como Cayu, te daré unos *tips* que me funcionaron muy bien: evita ponerle distracciones, investiga qué es la soledad para ti, quizás aún no sepas lo que quiere mostrarte. Pregúntate por qué tienes miedo y por qué has dejado de ser creativo para encontrar una alternativa. Compréndela y evita escapar, y date el tiempo que te mereces para encontrarte.

Un gran número de personas subestiman la soledad y llegan a pensar que quien la padece es un friqui, un amargado y una alguien que no sabe mantener un contacto social. Sin embargo, no es así. ¿Recuerdas a cualquier personaje famoso que, después de tanto éxito, al fracasar, se ha aislado y se ha sentido solo? Seguro que si reflexionas, te vendrán muchos ejemplos. No podemos subestimar el vacío interior que tenemos cada uno de nosotros. Aquel que no lo comprende, tarde o temprano lo sacará a la luz.

Por eso, es importantísimo que a aquello que nombramos soledad le demos importancia. La soledad crea aislamiento, y si no eres capaz de comprenderla a tiempo, después te creará aún más conflicto. A mí me costó dos años escaparme de ella, quizás hubiera tardado mucho menos si hubiera querido entenderla antes. He llegado a escuchar de muchas personas «es algo por lo que hay que pasar, y te pasa». Por favor, no es un dolor de cabeza o un resfriado. Es algo mucho más importante a tener en cuenta porque te puede cambiar la vida para mal. Cuando la comprendes, queda en un sentimiento y un aprendizaje. Es esencial comprender este hecho, será cuando uno podrá hacer frente a la soledad.

Llegué a tener conflicto interno al pensar si aquello que llamamos soledad era algo real o solo una imaginación. ¿Qué es para ti la soledad? ¿No es un pensamiento? ¿Acaso este pensamiento nos hace vivir la soledad de manera real?

¿El hecho de tener estos pensamientos puede ser la causa de tus miedos? ¿Puede ser la causa por la cual no la puedes comprender? ¿Qué pasaría si detienes estos pensamientos que tú mismo has creado? ¿Entonces la soledad es real para ti?

Tanto si es real como si es un pensamiento, la cuestión es que te está creando dolor. Un dolor del que te gustaría librarte. Te invito a una reflexión: ¿eres de los que te sientes con soledad (aislamiento) o de los que se sienten libres (solos que no dependen de nadie)?

Para poder responder a esta pregunta, deberás comprender qué quiere decir soledad. Será cuando logres poner fin a tu sentimiento. No olvides que la soledad enseña mucho más que cualquier compañía.

3. Circunstancias que te llevan a la soledad

Todo empezó en el año 2017, el domingo 23 de abril, en Barcelona, exactamente en Martorell, sobre las once de la mañana. Un gran sol y un público maravilloso, el día que teníamos que disputar el campeonato de Catalunya de diez kilómetros de ruta. Me acuerdo de ese día como si fuera ayer. Me presenté allí con mi entrenador, Josep C. Fue un día especial en el que disputamos el primer puesto. Pero ¿quién me iba a decir que una lesión cambiaría mi vida?

Fue un día que nunca olvidaré, ya que marcó un antes y un después en mi vida. Al día siguiente, al intentar seguir con la rutina de entrenamiento, noté un gran dolor en la cadera que no me permitió continuar el entrenamiento. Al principio no le di importancia, pero después de varias pruebas, determinaron rotura por estrés. Estuve apartado cuatro años, sin poder hacer lo que más quería, que era correr. Durante la readaptación, en todos estos años fueron surgiendo otros problemas, hasta el día de hoy. Aprendí a pensar que aparte de la lesión física, creas otra que es emocional y que puede ser incluso peor que la física.

Fueron unos meses muy complicados, y te voy a contar desde lo más profundo cómo una circunstancia que no controlé hizo que cayera en la soledad.

Al día siguiente de la competición me desperté superfeliz, con ganas de volver a entrenar. Era una mañana radiante y un día que parecía redondo. Como de costumbre, al despertarme me tomé una ducha fría y fui a entrenar en ayunas. Al entrar a las pistas, saludé a Paco y echamos unas risas. ¡Vaya fenómeno! Es el conserje del estadio. Y yo, ingenuo, haciendo la broma, desconociendo lo que ese día la vida me tenía guardado. Ese día era un día de recuperación tras la competición, diez kilómetros suaves.

Son aquellos días tontos que digamos que te puedes permitir relajarte, y tomártelo todo de otra manera.

Cuando llevaba cuatro kilómetros, noté un pinchazo fuerte en la cadera que no me permitió continuar. Pensé: «Vaya, ayer disfrutando y ahora esto. ¿Por qué ahora?». Intento no pensar en aquel día, aunque es un recuerdo que tengo guardado en mi mente, ya que me dio una lección sobre la soledad. Aun habiendo notado aquella molestia, esperaba que no fuera nada grave, quizás sea solo sobrecarga. Siempre intentamos minimizar el problema para intentar aliviar aquel dolor que no controlamos. Creo que afectó la carga que llevaba, el correr en un terreno durísimo como es el asfalto y no tener la cadera muy trabajada para estas situaciones. A medida que pasaban las semanas, el dolor se incrementaba, incluso ya subiendo escaleras, caminando mucho rato o exponiendo con cualquier movimiento la cadera. Después de un tiempo, me diagnosticaron fractura por estrés en la cadera como consecuencia del impacto de la carrera.

El dolor me molestaba, pero lo que más daño me hizo fue cuando vi lo que me venía encima. Incluso lo recuerdo y se me ponen los pelos de punta. Mi pasión, mi vida, se había derrumbado. Cuando me lo dijeron, ese día no sabía hacia dónde dirigirme ni a quién. Me sentía solo, sentía que nadie me podía ayudar a recuperar en el tiempo que quería, ya que la semana siguiente teníamos planeada otra competición que era importante para mí. Empiezo a tener miedo, angustia e impotencia. A partir de aquel instante, mi vida había cambiado de sentirme lleno y feliz a sentir un vacío interno que no quiero volver a recordar. Quizás muchos penséis que no es para tanto, pero para los que amáis vuestra pasión, saber que vais a estar unos años fuera del terreno, sin poder practicarlo, es difícil de asimilar y aceptar. No es algo que puedes ir enseñando a tu mente poco a poco. Es algo que tienes que vivir porque te ha tocado y aprender cuando tu cuerpo te deje. De hecho, muchos recuerdos son extraídos de mi agenda, que anotaba cada día lo que me hacía sentir este dolor. Si quieres lograr que tu cuerpo te deje aprender, es importante ir eliminando sentimientos negativos, olvidar la mala experiencia, no mirar hacia atrás durante todo el proceso. Intenta mirar desde donde estés hacia adelante, aunque ahora te veas en un punto de partida mucho más bajo, pero no tienes otra. De lo contrario, lo único que harás es retrasar todo, hasta que aceptes lo sucedido. No es una tarea fácil, pero si de verdad amas aquello que deseas volver hacer, debes tomar las riendas de tu vida. Porque si no lo haces tú hoy, no lo hará nadie por ti mañana.

Así fue cómo surgió mi soledad. Aún no sé si la escogí yo o ella me escogió a mí, la cuestión es que convivía con ella. Me acuerdo de que me encerraba en la habitación después de ver que no podía hacer aquello que me apasionaba. Esa habitación es en la que estoy escribiendo este libro. Si has vivido con la soledad, comprenderás que no es fácil transmitir mi sentimiento. Estuve muchas noches sin dormir, intentando buscar una esperanza, cada día imaginaba que podría volver a recuperarme y que si hacía la rehabilitación de manera intensa en unas semanas estaría ya disfrutando de mi pasión. Pero era una mentira que me estaba diciendo. Me creé una falsa expectativa que, con el paso de las semanas, veía que me estaba engañando. No sé qué cambio para mis compañeros de equipo, pero parecía que lo que nos unía era la pasión, y al no compartirla con ellos, ya no pasábamos tiempo juntos. En aquel momento aún me sentía más solo. Para mis hermanos, de algún modo tenía la sensación de que les había jodido, ya que siempre me han considerado un referente. Pero con el tiempo veía que eso se iba esfumando. Me producía mucha impotencia, ya que tampoco tenía las fuerzas y las ganas de compartir con ellos aquella situación. Nunca antes fui así, no entendía por qué ahora quería estar solo todo el rato. ¿Crees que no quería mostrar mi debilidad?, ¿que no quería dar pena?, ¿que no quería compartir mis problemas?

Ahora te respondería de una manera contundente, pero en aquel momento, de una de las personas que más quiero, que es mi mujer, Farah, también me aislé de ella. Me daba mucha lástima la situación, ya que creo que de algún modo pagaba mi soledad con ella y no se lo merecía. Me acuerdo que después de varios meses así, un día me invitó a salir, puesto que me vio derrumbado y solo. Estuvimos en una cala tranquilamente, y mientras el silencio se mantuvo durante cinco minutos, me puse a llorar y la abracé. Solté todo el dolor que contenía en mí y por una vez, aunque solo fue por un instante, dejé de sentirme solo.

Muchas noches, mi cabeza era una montaña rusa, no paraba de tener rumia mental. Casi todas las noches tenía que tomar melatonina para poder dormir, y la mayoría de las veces no me hacían ni efecto. Aparte de sentirme solo, ver cómo mi pasión se esfumaba, para rematar al dolor de la cadera ahora se le añadía la falta de sueño, que hacía que me despertara cada mañana con cansancio por lo poco que dormía. Te imaginarás la situación de estrés y agobio. Casi no tenía ni ganas de levantarme, pensaba que para qué. Es un sentimiento muy duro y profundo que en ocasiones hace inevitable romper a llorar.

Con los días, empecé a entrar en la rutina de no querer salir de la habitación ni de ver a nadie. Me preocupaba mucho que me vieran en esa situación. Quizás pienses que no es para tanto y tengas razón. Pero en aquel momento, no quería salir ni hablar con nadie. Pensaba que hasta que no volviera a realizar mi pasión no querría ver a nadie. Uno de los momentos más duros para mí fue cuando un día, estirado en la cama, se acercaron mis hermanos Omaima y Achraf. Y me dijeron: «¿Hasta cuándo vas a estar así?». Fue ahí cuando se me cayó el mundo encima y empecé a llorar. Me dio tanta pena verme en aquella situación y lo que me decían que no sabía dónde esconderme. Empecé a darme cuenta de que quizás no estaba tan solo, aunque sabía que no me podían ayudar en lo que realmente quería. Pero empecé a darme cuenta de que empezaba a crear otros problemas de manera inconsciente. Estaba tan solo y tan derrumbado que a la primera oportunidad que vi que me ofrecieron la mano, por muy insignificante que me parecía, decidí agarrarla con fuerza.

¿Por qué empecé a sentirme solo? ¿Cuál crees que fue la causa principal? Un error que cometí fue que no me dio tiempo a intentar abarcar una cantidad de frentes que no podía abarcar, aparte de que muchos de ellos no estaban en mi mano y, como vía de escape, me aislaba.

Fue aquel día cuando pude escuchar a mis hermanos, aunque fuera por un instante, cuando decidí retomar la rehabilitación. Sabía que si quería recuperarme, debía poner de mi parte y evitar seguir en aquella situación que solo hacía que me sentiría solo y retardaba el proceso. Otro error que cometí fue que me lo guardé todo para mí al principio, no lo compartí con las personas que quiero. No era porque quisiera, sino porque lo decidí así. Quizás por miedo, vergüenza, no sé. Pero así fue.

Las personas que más sufrieron conmigo fueron mis hermanos, mi mujer y mis padres. Me han visto muy mal, solo, llorar y sin orientación. Para mí, la familia es importante si quieres combatir tu soledad, aunque siempre busquemos otra compañía, como la de los amigos, personas que siempre hemos mantenido contacto con ellas. Pero muchas veces, quien está realmente contigo ahí es la familia y, con suerte, los verdaderos amigos.

Me acuerdo de que estuve ingresado por ansiedad en el hospital de urgencias. Aunque parezca irónico, era mejor estar en el hospital que en mi habitación encerrado solo. Por lo menos, había enfermeras que me traían galletas y zumo con un yogur para desayunar. Eso me traían siempre que quería picar fuera de comidas o por las noches. Eran las tapas para pensar en mi soledad. ¿Sabes quién acudió a verme? Mi familia, mi entrenador Josep y los amigos de verdad. Otra vez más dejé de sentirme solo por un tiempo, aunque me volvían a aparecer los pensamientos de si volvería a disfrutar como antes o ya los habría perdido definitivamente. Los enfermeros y mis pensamientos perturbadores de mi día a día fueron mis compañeros por un tiempo, y el hospital, mi casa.

Esos días fueron duros. Pensé que a aquel que no se toma tan en serio su pasión no le pasa nada, y que aquel que ama su pasión tiene más desgracias. ¿Lo has pensado alguna vez? Puedes ver las injusticias que te ofrece la vida. La vida no es justa, aunque pude ver que, sin soporte, esta situación se haría más complicada. Me sentía aún más solo cuando me di cuenta de que no tenía los recursos para poder tener una recuperación rápida. Como sabrás, la sanidad privada es mucho más rápida, sin embargo, tiene un coste muy elevado. En mi situación, hacer unas resonancias y seguir una rehabilitación específica tenían un coste muy elevado porque requiere un seguimiento durante mucho tiempo. Con este pensamiento me sentí más solo aún. Aunque la familia te dice que te quiere ayudar, comprobar que la recuperación es un esfuerzo y un sacrificio me hizo no querer que la afrontara mi familia. Pero veía que era la única opción. ¿Te has quedado alguna vez sin alternativa? ¿Te ha hecho sentirte solo y sin una salida? Desde mi punto de vista esto no debería ser así, que una sanidad te haga esperar más de tres meses para hacer una resonancia. Muchos adolescentes se pueden quedar a la mitad del camino en situaciones similares si no tienen el soporte debido. En mi caso, me ayudó una gran persona y fisioterapeuta, Arnau M. Me ayudó tanto en lo personal como en lo económico. Siempre le tendré un gran aprecio.

Me llegaron a decir en la sanidad pública que dejara aquello que amaba. Que no lograría recuperarme después de muchas sesiones de rehabilitación . Que solo me dedicara a trabajar y hacer otras actividades, vaya. Imagínate que te digan que dejes de hacer algo que quieres. Aparte de sentirte solo, te destrozan con estas palabras. Para ellos es fácil decirlas , quizás no saben lo que sientes, como fue en mi caso.

Recuerdo que estuve más de dos meses siguiendo la rehabilitación, pero lo único que hacía era encontrarme en una sala, donde la mayoría teníamos electroestímulo. Para los que no lo sepan, había otras marcas parecidas a Compex, que era un aparato que nos ponían y se marchaban; al finalizar, me decían que volviera mañana. Había días que me decía a mí mismo: ¿vale la pena ir? Cada día, al regresar, volvía a mi habitación y me sentía solo, Veía cómo los días pasaban, sin que nadie pudiera ayudarme. No tenía ganas de hacer nada, ni de estudiar ni de ir con mis compañeros. Pasé a ser invisible por un tiempo. Me acuerdo de un día que le dije a mi madre: «No quiero que nadie entre a mi habitación ni que me hable, olvidadme. Quiero estar solo». No veía que lo normal es que nuestros padres se preocupen por nosotros. Dímelo ahora que soy padre.

Es muy complicado ver cómo mi pasión ha generado esta soledad y esta tristeza en mí. Llegué a pensar en dejarlo, aunque lo que hacía era enredar a mi mente. En aquel momento estaba bloqueado, ya que aunque quisiera dejar de luchar, solo supondría dejar de hacer rehabilitación. Es fácil que te diga «levántate una vez más», «que lo lograrás», «deja de sentirte solo». Pero hasta que no veas una pequeña luz, no comprenderás el significado de dar un paso más.

No das importancia a sentirte solo o perder tu pasión hasta que lo vives con tu propia piel. Te explicaré cómo era mi día a día con la soledad: era despertarme sobre las nueve de la mañana y visualizar no volver a hacer mi pasión. Llegaba el sentimiento de soledad. Así me quedaba tumbado un rato más. Pasé de ser un chico alegre, con ganas de comerme el mundo, a estar en la cama medio derrumbado. Al despertar ahora, no tenía ganas de tomar mi ducha fría como de costumbre. Me ponía lo primero que encontraba y apenas desayunaba. Tras desayunar, me vestía y volvía a la habitación, otra vez para ver mis recuerdos, como fotografías de competiciones, excursiones, entrenamientos…

¿Por qué siempre volvemos hacia el pasado cuando podríamos mirar nuestro presente? Estaba así hasta el mediodía, apenas comía, muchas veces me saltaba esta comida; pensaba para qué la necesitaba si no entrenaba. Todas esas ganas que tenía de mantener una dieta saludable para poder rendir se esfumaron. Por las tardes iba a hacer esa rehabilitación que era eterna en la seguridad social, donde sacaban la consola (electroestímulo) para jugar esa media hora, y volvía a casa. Durante varios meses, incluso años, ese fue mi ritual. Entré en una burbuja solitaria a la que me empecé a acostumbrar. No era capaz de tomar otra alternativa, parecía que solo tenía un camino para tomar, cuando no era así.

Más tarde me di cuenta de que cada uno necesita su tiempo para admitir que no es la actitud correcta, vas aprendiendo por el camino, puesto que nunca antes había vivido una situación similar. Nunca supe lo que era la soledad hasta que la vida me llevó a ella. Pero decidí buscar una alternativa. Tuve la suerte de conocer a Arnau M., mi fisioterapeuta, que fue quien me ayudó. Cuando lo conocí, pensé en que era una lástima no haberlo conocido antes, pero ahora que me doy cuenta, creo que no hice todo lo que estaba en mis manos. Quizá por desconocimiento o porque ya no podía con la situación, cuestión que me llevó cuatro años más o menos. Digamos que hizo que volviera a ver esa pequeña luz que os comentaba, para confiar y volver a creer. Pero necesitaba sentirme libre y dejar la soledad que me quemaba por dentro. Aunque no lo aparentaba. Creo que cuando estás luchando por una meta, como en mi caso era recuperarme, nunca logras ser libre. Así que al cabo de las semanas empecé a ver resultados importantes y a sentir cómo podría afrontar la soledad que me tenía bloqueado.

Te ven como extraño cuando ya no eres el mismo, aún no saben por lo que estás pasando. Para muchos, estar solo en un mundo que en el que no sabes cómo salir de ello es dar pena y lástima. Me acuerdo de un día de agosto de 2020, sobre las seis de la tarde, con ese sol tan hermoso, cuando todos tienen ganas de entrenar y hacer deporte. Me acuerdo de que decidí apropiarme de las pistas para ver a compañeros y otros deportistas entrenar. Digamos que quise acercarme un poco más a mi pasión y alejarme de la soledad. Hubo un momento en que me preguntaron si me había recuperado después de todos estos años. ¿Te imaginas lo que sentí? Casi no podía ni responder. Muchos pensareis que es muy sencillo hacerlo. Pero en mi caso no fue así. No sé por qué prefería estar solo antes que responder a esas preguntas. Me incomodaban, aquella situación no me resultó fácil. Pero había logrado algo muy importante. Quizás no estaba recuperado como me hubiera gustado, pero poco a poco empecé a sentir la soledad. Pensé si era yo el origen de este sentimiento, de este aislamiento. Al mes siguiente, exactamente en septiembre, me comentaron que iban a hacer los campeonatos nacionales. Así que lo hablé con mi Farah y decidimos ir a verlos. Decidimos ir una semana antes, así aprovecharíamos para tomar unas pequeñas vacaciones y desconectar. Lo pasamos muy bien. Por un lado, logré superar ese sentimiento de tristeza y conseguí ir a ver algo que deseaba sabiendo que en aquel momento solo lo podía ver y no practicar. Lo acepté y considero que tomamos una gran decisión. Observé que aunque la situación no era muy favorable, podía disfrutar con otras alternativas. Logré comprender más a mi soledad en los últimos meses que en los últimos cuatro años gracias a que acepté comprenderla y no enfrentarme a ella. También he conseguido encontrarme un poco más, ya que me había dejado y abandonado por completo. No lo supe llevar bien, mi soledad fue como un amor no correspondido. Pero después de caminar mucho tiempo por el desierto de la soledad, fue cuando logré encontrarme a mí mismo. Nunca dejes de caminar, no dudes de que algún día te encontrarás.

4. La voz de la muerte

Tú y todos nos hemos sentido solo alguna vez. No hay persona en la Tierra que no se haya sentido sola. ¿Has perdido a un ser querido? ¿Lo amabas mucho? ¿Verdad que ha dejado de tener sentido tu vida? ¿Has querido vivir esto solo?

Mi bisabuela falleció un 12 de septiembre, en una mañana soleada. Ella siempre fue una segunda madre para mí. Me educó conjuntamente con mi madre. Padecía de alzhéimer, ya había sufrido bastante y estaba muy cansada. Me crie con amor, de hecho, cuidó también a mi madre y a mis tíos. Por desgracia, ha muerto y cada uno de nosotros nos hemos sentido solos al perderla. ¿Te das cuenta de que es mejor comprender la soledad? Con suerte, puedes escaparte de ella una vez, pero es un sentimiento que vive con nosotros. Cuanto antes lo comprendas, antes te librarás de ese dolor angustioso.

Me acuerdo de que el día en que murió, mi madre lloraba mañana y noche hasta que se quedó sin lágrimas. Tenía tanto amor hacia ella que algún día tenía pensado en devolvérselo. Sin embargo, ahora se sentía perdida porque ya no tenía tiempo de actuar. Fue un día muy triste para nosotros. Una tarde con una brisa del sol y, al mismo tiempo, un aire fresco y puro. Vi a mi madre muy triste, como en un laberinto sin salida. Yo pensé: «Qué cruel es la vida, ¿no? No sé qué es peor, la muerte o la soledad por la que está pasando mi madre». Llegué a la conclusión de que muchas veces podemos escaparnos de ella, incluso ocultarla, evitando así demostrarla. Sin embargo, en estas situaciones, evitarlas no es la solución, solo nos queda comprenderla. Hasta que mi madre no decidió comprender, su dolor y su soledad seguía estando ahí. Mi madre podría aparentar estar bien, pero cuando menos se lo esperaba, la soledad aparecía, de manera repentina. Cuando empezó a comprenderla, aunque parecía perdida en el desierto, en ningún momento se sintió sola.

El caso de mi tía fue diferente. Decidió tomar el otro camino. Parece más sencillo, pero es el que más consecuencias tiene a largo plazo. Intentó escapar de la soledad mediante la risa, el castigo personal. También hay quien utiliza las drogas o el alcohol. No fue el caso, pero podríamos decir que es lo mismo. No importa quién eres, si eres mujer o hombre, si eres rico o pobre, si eres alto o bajo, guapo o feo, para todos el dolor de la soledad es el mismo si no lo comprendes. Mi tía no aprendió en su infancia a comprender la soledad, y creo que es un tema que se debería enseñar. ¿Por qué nadie te enseñó a comprender la soledad? ¿Qué pasa si no has tenido la suerte de entenderla en tu adolescencia? ¿Crees que se debería implementar clases de psicología infantil en las escuelas?

Ella no comprendía la soledad, solo se alejaba y volvía a regresar al dolor. Se aisló por un tiempo de toda la familia, digamos que fue quien lo pasó peor de todos.

Pensemos por qué se encerró en su interior, por qué no quería hablar con nadie, por qué no se dejó ayudar, por qué no había ninguna actividad de ninguna clase que le ayudará a comprender y por qué no logró cambiar sus deseos. Empezó a tener un conflicto interno entre sus recuerdos con su abuela y sus deseos. Empezó a considerarlos como sentimientos externos, que no pertenecían a allá y no los podía controlar. Asumió que no estaba en sus manos la situación por la que pasaba. Se generó una ilusión interminable que le duraría hasta que tomara conciencia del asunto. Sus hijas empezaron a sufrir porque empezó a cambiar su comportamiento hacia ellas. En definitiva, empezó a afectar a toda su familia indirectamente. Gracias a esta situación, se dio cuenta que ella era la soledad. Fue entonces cuando pudo liberarse de ella. El miedo que ella vivía era una relación con una idea que tenía en función de un pensamiento y de recuerdos almacenados en su memoria.

Nos confesó que llegó a comprender todo esto cuando se hizo unas simples preguntas. ¿Por qué me está afectando mucho más que a mis hermanas la misma situación? ¿Por qué ellas no sufren la soledad de la misma manera que lo estoy sufriendo yo? Pudo reflexionar sobre su soledad interna, ya que tanto el miedo como su compasión no le dejaron hacerlo antes. Todo esto le evitó experimentar la comprensión cuando más lo necesitaba. No puede existir amor si al mismo tiempo sentimos soledad, si estamos aislados. En el caso de mi tía, utilizó su amor como medio de escape, para no comprender su soledad. Fíjate que es normal que sientas apego a las personas que más amas. Sin embargo, cuando las pierdes, te sientes completamente perdido y solo. Como consecuencia de esta soledad, empiezas a buscar otra alternativa para tapar o camuflar tu soledad. Cada uno tiene su manera de hacerlo, en función de la educación que ha tenido, la memoria y lo resiliente que sea. Quizás la soledad te enseñe mucho mejor que cualquier otra compañía. No la subestimes y compréndela.

5. Aunque te sientas solo, puedes levantarte una vez más

Imaginemos a una persona que va caminando por la calle y, de repente, se pone a pensar en otra persona a la que no ha visto en diez años. Al doblar una esquina, se la encuentra. ¿Crees que esto puede suceder? Si es así, ¿por qué crees que tú no podrías levantarte una vez más? La palabra soledad suena muy fea. De hecho, todos huimos de ella. Pero es solamente un sentimiento descontrolado. Fíjate en que siempre has tenido retos en la vida, ¿por qué uno de ellos no debería ser comprender tu soledad y aprender a afrontarla?

¿Sabías que la soledad que estás sufriendo puede construir tu carácter el día de mañana? Si en el futuro quieres dar una buena educación a tus hijos y evitar que sean personas indefensas, aprende hoy a no huir de la soledad. Es importante que entiendas y comprendas que tienes que superar tus miedos, tu soledad. Muchas veces no será cuestión de días, sino que requerirá tiempo. Pero cuanto antes actúes, antes lo manejarás.

En el planeta Tierra no hay nadie que no se haya sentido alguna vez solo. La soledad ha existido porque también han existido el compañerismo, el fracaso, la familia y la felicidad.

Si existen todas las condicionantes del acompañamiento, siempre habrá soledad. Habrás escuchado decir que sin éxito no hay fracaso. Es prácticamente lo mismo, pero con un sentimiento más profundo.

Para levantarte una vez más, muchas veces deberás compartir tu soledad. Quizás te dé vergüenza y no estés dispuesto. Pero ¿cuánto hace que no compartes tu soledad? ¿Es porque no tienes compañeros o porque tú lo has decidido así? Fíjate que solo es un pensamiento que estás teniendo. Si logras dominarlo, comprenderás que quizás hoy estés tú abajo, derrumbado con tu soledad, y mañana lo esté aquel compañero o familiar que te dio la mano en su momento y estaba la mar de bien. La soledad es una montaña rusa, nunca sabes quién será el siguiente que la sufra. Cuando crees que todo va bien, va ella y te sorprende y te lleva al otro lado, como en el caso de la muerte, el que hemos mencionado en el capítulo anterior. Pero en estas situaciones hay que ser fuerte y aguantar. Aguantar no es quedarse sentado y esperar a que la vida cambie, sino realizar pequeñas acciones que cambien el día de mañana. Es importante que tengas presente que la soledad no es un sentimiento fácil. Cuando uno no la siente todo es bonito. Sin embargo, en el momento en que aparece es muy duro. Ya la vida en sí es complicada y muy competitiva, y si a eso le añades un poco de soledad, ya te imaginarás el dolor que creas.

Aun así, ¿sabías que hay personas que están en peor situación que tú? Quizás no te lo creas, o no te importe, ya que así estamos hechos en pensar solo en nosotros mismo. Pero si logras empatizar con los demás, quizás comprendas mejor tu soledad y alivies así un poco más tu dolor. No olvides que a tu ego le atrae la soledad. Por ejemplo, estuve en Marruecos un verano con la familia, donde nos lo pasamos muy bien. Nunca me siento tan feliz y acompañado que cuando estoy de vacaciones con mi familia. Una mañana decidimos ir a ver a unos familiares que están en un pueblo muy pequeño. Ese día hacía mucho calor, el termómetro marcaba 38 °C. Marruecos es un país muy caluroso y tiene ciudades en las que no se puede ni estar en verano. Pero los ciudadanos ya están acostumbrados a esas temperaturas. En ese mismo viaje logré conocer a compañeros de mis primos que apenas tenían una estabilidad económica. Muchos de ellos, al morir sus padres, han cogido la responsabilidad de toda la casa; adolescentes a los que sus padres les han abandonado y tenían que afrontar el resto de su vida sintiéndose solos y sin apenas recursos para sobrevivir. Ese viaje hizo que me quitara muchos pensamientos erróneos que tenía. Me di cuenta de que es un sentimiento que, aunque creas que eres el único que lo padece, lo sufren muchas más personas y en situaciones mucho más adversas que las tuyas. Se me quitó la tontería de golpe. Me pregunté cómo podían afrontar esa soledad en esta situación. Aprendí una gran lección: si ellos han podido, ¿por qué tú no en unas situaciones mucho más favorables?

La historia que más me cautivó fue la de Misto. Un joven al que le desaparecieron todos sus seres queridos, en especial los que, de alguna manera, le daban luz a su vida. Apenas era un joven de veinte años. No tenía a nadie a quién acudir cuando se sentía solo, era un huérfano con su total y absoluta soledad. Me acuerdo que me decía que lo que le apasionaba era dibujar e imaginar cómo hubiera sido su vida familiar de haberla tenido como la que puedes tener tú o yo. Siempre creaba figuras familiares: sus padres y hermanos imaginarios, y por supuesto, también hacia su figura, ya que se consideraba también perdido. Mientras me explicaba todos sus pensamientos y su historia, yo estaba emocionado y valorando cómo uno puede afrontar este sentimiento. Decía que tuvo que aprender a vivir sin ellos, sacar cada día esas lágrimas frías e intentar curar sus heridas desconsoladas. Me comentó que no estudiaba y que eso hacía que estuviera más solo, ya que tenía que trabajar para mantenerse. Me dijo: «Soufiane, llegué a pensar en querer morir, pero me dije que mis padres nunca me lo perdonarían». Me reconoció que nunca los había llegado a conocer. Lo más difícil que vivió fue que en ningún momento tuvo un guía, algún familiar con quien poder compartir su soledad y así aliviarla un poco. Intentó levantarme más de una vez, derrumbado por la dichosa soledad. Hasta que encontró su guía, quien le ayudó a comprender la soledad. Su amor. Sí, aquel sentimiento que ha estado extinguido durante años. En definitiva, con él fue otra manera de entender la soledad.

Todas las circunstancias por las que estás viviendo, soledad y tristeza, te irán forjando tu carácter. En el caso de Misto, él no se rindió aunque llegó al límite. Nunca puedes saber cuándo lograrás comprenderla o de qué manera la comprenderás. Eres aquello que vives. Todas las circunstancias y experiencias que te genera la soledad, en la manera que las superes crearás a la persona que serás el día de mañana.

Si entiendes los mensajes que te da la soledad, aunque te caigas una y otra vez, nunca será un fracaso. Muchas veces te hará creer que te has quedado solo para el resto de tu vida, que morirás siendo un fracasado y que no vas a poder comprender este sentimiento. Que conseguir lo que te has propuesto es imposible. Pero no te juzgues, quizás aún no estabas preparado para afrontar este sentimiento profundo. Por eso es importante tener una educación sólida en nuestra adolescencia. También es importante que sepas que estas situaciones las deberás afrontar solo, por mucho que te ayuden y que tengas un amor como guía. Como el caso de Misto. Comprende la soledad como una sucesión de sentimientos buenos y malos. Así, cuando vengan sentimientos profundos de soledad, de desgracia, estarás más preparado para aceptarlos, comprenderlos y encerrarlos, ya que forma parte de la vida.

¿Te has preguntado alguna vez por qué has tenido la mala suerte de sentir la soledad? ¿En por qué te tenía que pasar a ti? Es normal que si no has estado preparado para afrontar este sentimiento, te lo hayas preguntado. Pero con el tiempo te vas recomponiendo y comprendiéndolo más. ¿Te has preguntado por qué te han pasado todas las cosas buenas que te han pasado? Por ejemplo, podías haber nacido sin familia como le pasó a Misto, pero tienes una familia maravillosa. Podrías estar en una situación de enfermedad grave, pero estás sano, aunque cada vez menos si no comprendes este sentimiento. Tienes comida, cosa que muchos en países mucho menos desarrollados no la tienen. Solo te he nombrado lo básico, y seguramente te ha pasado cosas buenas mucho más espectaculares. Todas estas cosas podían no haberte pasado. Pero no le das importancia para reconfortar ese sentimiento de «por qué me pasa a mí». No te engañes, la vida no es solo felicidad, te pueden pasar cosas buenas o no tan buenas, sentimientos positivos o negativos. Pero tú decides siempre si las desgracias que te pasan son algo extraordinario y solo te pasa a ti. O como una oportunidad de levantarte una vez más y seguir aprendiendo, no seas egoísta contigo. La soledad está en tus manos para cambiarla, intenta comprenderla y no pensar en ella. Agradece su presencia, quizás ella solo quiera jugar contigo y con tus sentimientos un rato.

6. Adapta tu soledad

A ninguno de nosotros le gusta aceptar la soledad. ¿Aguantar con tu soledad significa aceptar la situación tal como es? ¿Por qué siempre que te sientes solo miras hacia atrás y no hacia adelante?

Quizás muchas veces te habrán dicho que tienes que aguantar, y has sentido que nadie te entiende con esas palabras. Pero aguantar significa aceptar la soledad que te ha venido. Es importante que, aparte de que la comprendas, la aceptes. No todos están dispuestos a aceptarla, a pesar del daño que le pueda estar causando. Si te estás preguntando qué es lo que deberías hacer ante este sentimiento, te diría adaptar, aceptar y olvidar.

De nada te va a servir la soledad que estás viviendo o has vivido. Hay que aceptar la soledad como te ha venido, y no pensar por qué has sido el elegido. Lo único que lograrás de esta manera es perder el tiempo en aquello que podrías haber evitado, dejando de invertirlo en la adaptación. Si te pregunto si estaba en tus manos evitar esta emoción de soledad, ¿qué me dirías?

Volviendo a mi situación personal, no puedo estar pensando en que si no me hubiera lesionado, nada de esto hubiera pasado. Debo aceptar y adaptarme. Si no acepto todo lo que me ha supuesto ir a Alemania, estar mucho tiempo alejado de mi pasión y de mi familia y sentirme perdido, siempre viviré en el pasado haciendo que la soledad esté presente de manera permanente. Pensar cómo me hubiera gustado que fuera mi vida no cambiará mi pasado. De lo contrario, reforzará este sentimiento de soledad.

Para mí, no querer aceptar mi soledad en su momento hizo que no me adaptara, que dejara de hacer las cosas como las hacía antes estando en permanente bucle. Hoy he aprendido a hacer las cosas de forma diferente, he comprendido que es un sentimiento que nos seguirá siempre. He aprendido a adaptarme siempre que lo veo apropiarse de mí. Lo que evito hacer es comparar cómo lo hacía antes con cómo lo hago ahora. No debes perder tiempo haciendo un autoanálisis que no te lleva a ningún puerto. Antes no tenías las herramientas para afrontarlo y hoy sí. Céntrate en lo que está en tus manos, y ahí darás lo mejor de ti para afrontar este sentimiento.

Me acuerdo de que en noviembre del 2019 tuve que acompañar a mi hermano al campeonato de España. Tenía muchas ganas de ir, pero al mismo tiempo, no quería adaptarme. Era una situación incómoda para mí volver a ver la competición y no poder estar ahí. Fue un día clave para aprender lo que quería decir la adaptación. A pesar de que seguía sintiéndome solo, decidí acercarme a mi pasión, pero esta vez como espectador. Me tomé muy a pecho lo de adaptarme para poder sentir mi pasión. Era un reto que no sabía quién vencería, si mi sentimiento de adaptarme para ver a sentir mi pasión o el de la soledad. Así que fuimos. Al principio me gustó y me hizo mucha ilusión volver a ver a otros atletas y, cómo no, a mi hermano, que lo iba a dar todo. Sin embargo, llegaban algunos momentos que cuando veía a otros atletas correr y yo no, me daba mucha lástima no poder hacerlo. El sentimiento de soledad me superaba. Pero de lo que no me estaba dando cuenta era de que estaba generando una adaptación que más adelante me ayudaría a afrontar este sentimiento. Disfruté mucho y acepté mi situación, ya que no podía hacer nada más.

Pero esta vez mi soledad se portó bien. Me dejó conocer a compañeros nuevos y compartir experiencias. Me quedé sorprendido de pasar de no querer hablar con nadie a compartir mi experiencia con otros atletas de alto nivel.

Todo eso me sirvió para conocer la adaptación. Adaptarme me sirvió para saber que no quiero estar solo, pues estar acompañado me hacía mucho más llevadera la situación. Y me abrió los ojos para aceptar que durante este proceso, debo disfrutar, ya que me dejaba muchas cosas atrás.

Un ejemplo rápido de adaptación sería intentar volver a correr. Tenía que aceptar empezar a entrenar caminando cinco minutos y correr un minuto, y esto repetirlo cuatro veces si me lo permitía la lesión. Cuando me propuse hacerlo, pensé: «¡Vaya pereza, si antes corríamos horas!». Pero me dije que esta vez no volvería a ver el pasado. ¿Has visto lo traicionera que puede ser tu mente y tu sentimiento?

Por eso, te invito hoy a que adaptes tu soledad, ya que esto es más importante que si le pones un parche temporal, puesto que acabará reventando.

Otro ejemplo que me pasó antes que el anterior. Mi mujer quería ir a otro país, algo que ya habíamos planeado durante mi lesión. Habíamos hablado de ir a Turquía. Pero esta vez quería estar cerca de mi pasión porque no tenía ganas de hacer nada. Es cierto que ha tenido mucha paciencia conmigo, siempre le estaré agradecido. Creo que ha sido un pilar fundamental junto con mi familia. Así que decidimos ir a Font Romeu unos días y volver a ver atletas corriendo, cuando yo no puedo hacerlo. Volví a crear otra adaptación. Aun así, decidí ir a dar un paseo por las pistas de atletismo de Font Romeu.

Tendrías que verme la cara que tenía, de querer y no poder. Me acuerdo de una mañana fría que, aunque no podía correr, me llevé los zapatos y probé a correr por unos minutos. Cuando noté el dolor me sentí frustrado. ¿Por qué no somos capaces de generar una adaptación inicial sin dolor, sin crear perspectivas, sin abandonar nuestra soledad?

¿Eres de los que creen que hay que dejar de hacer aquello que amamos de otra manera si no se puede hacer como lo hemos hecho siempre? ¿Aunque eso te suponga soledad?

No es cuestión de fortalezas, sino de sabiduría. Considero que no importa lo fuerte que seas o lo que quieras aparentar, sino lo veloz que seas en crear una adaptación a tu soledad. Es cierto que sin una no puede hacer la otra. Si has comprendido la soledad, comprenderás que la vida, el día a día, tiene muchos cambios, tanto positivos como negativos. A nadie le gusta los cambios y sentimientos negativos, pero muchas veces son inevitables en la vida. Tú decides. Por desgracia, hay mucha gente que vive atrapada en la soledad e infeliz. O te adaptas, o te quedas solo.

7. ¿Es lo mismo estar solo que sentirse solo?

Piensen en una persona que todos los días entra en una habitación, cierra los ojos, medita y escoge un número. Siempre acierta en la terminación de la lotería. ¿Qué pensarías? Los vecinos creen que es feliz y que tiene poderes para adivinar el futuro. Pero lo único que hace es sumar el día del calendario por el número del mes y dividirlo por ocho. ¿Cuál sería la terminación de hoy? ¿Crees que una persona así se sentiría solo al adivinar un premio gordo? ¿Te has preguntado alguna vez si es lo mismo sentirse solo que estar solo?

Ya hemos comentado algunas emociones que aparecen cuando uno se siente solo. Miedo, temor, una mente perdida. Conoces este sentimiento verdadero, no se te haría extraño ver a alguien en ese estado de soledad. Es algo que convive con nosotros. En cuanto a la pregunta de antes, de si una persona con riqueza se podría sentir sola, la respuesta es que sí. Puedes poseer todo el dinero del mundo, conocer cada fin de semana el número premiado de lotería. Pero sigues siendo un humano al cual te seguirá siempre la sombra de la soledad si no la comprendes. La única diferencia que puede haber es que el rico utiliza un medio de escape más lujoso. Sin embargo, sigue huyendo igual que cualquier otra persona con menos poder adquisitivo.

Ahora quizás entiendas por qué los famosos y los ricos también pueden sentirse tristes y solos aunque hayas creído hasta el día de hoy que con todo el dinero que tenían no podían adquirir este sentimiento. ¿Conoces a algún famoso o rico que se sienta solo? No olvides que camuflar tu sentimiento es huir, y eso no quiere decir que no te sientas solo.

Es importante no confundir sentirse solo con estar solo. Hay una gran diferencia. Es importante entenderla para comprender un poco más la soledad. En sentirse solo, uno de los aspectos importantes es el aislamiento. Tu mente empieza a enterarse y se separa, como hemos visto de todas las relaciones. En mi caso, dejé todas las amistades que rodeaban el atletismo. Es cuando empiezas a sentir el sentimiento de soledad, cuando logras comprenderla o, por lo menos, te das cuenta de este sentimiento, es cuando te capacitas para transformar este sentimiento. A mí, personalmente, me costó mucho, más de cuatro años. Hubo varios aspectos que intervinieron: aceptación, ego, impotencia y muchos más. Este sentimiento te puede generar miedo y tristeza, y es normal que sientas un cúmulo de emociones que te perturben. A diferencia de sentirse solo, estar solo no es una perturbación. Estar solo no es lo mismo que sentirse solo. Ya que «estar» puedes elegirlo tú. ¿Cuántas veces para estudiar un examen has tenido que estar solo? ¿Cuántas veces para encontrarte has tenido que estar solo? En el «estar» puedes encontrar la calma, la paz; no existe ese proceso de aislamiento perturbador. Ahora bien, si quieres comprender la soledad, tu mente debe entender esta diferencia entre estar solo y sentirse solo. Es probable que nunca te hayas hecho esta pregunta antes haciendo referencia a ti mismo. Vemos algo frustrante «estar» solo, cuando es la clave para entenderse uno mismo. También si eres feliz, seguramente no estés experimentando lo que es la soledad puesto que atraes a los que se sienten solos y a los que no, aunque muchas veces te sentirás muy feliz estando solo.

8. Olvidarte de la diversión es un camino hacia la soledad

¿Eres feliz a día de hoy? ¿Cuántas veces te has sentido o has estado solo? ¿Existe la soledad según tu opinión? ¿Cuánto hace que no disfrutas? ¿Es verdad que solo estás utilizando el 10 % de tu felicidad? ¿Hay personas más felices que tú? ¿Por qué crees que lo son?

Si consideras que tienes muchas cosas, ¿por qué sigues sintiéndote solo? Entiendo que tendrás varios motivos. Lo más importante es no comprender el significado de la soledad. El siguiente es la felicidad insatisfecha. ¿Cuánto hace que no te diviertes con lo que amas? No tiene por qué ser siempre a tu manera. Vives en una sociedad obsesionada en llegar al logro lo antes posible. Incluso sacrificando tu diversión, encerrándote en una burbuja hasta que, sin darte cuenta, te quedas solo. El querer lograr aquello en un futuro, cuando apenas sabes si existirás cuando llegue el momento, solo hace que te encierres en tu mundo paralelo. Esta ansiedad que empiezas a generar al principio y que es una sensación desconocida pero al final empieza a formar parte de ti es la que te llevará de manera inconsciente hacia tu soledad. Además, cuanto más grande sea tu meta, más grande será el sentimiento de soledad.

Por ejemplo, en el mundo del deporte fíjate en la persona que consigue un logro y que antes de disfrutarlo ya está pensando en otro. No disfruta ni del proceso ni del logro porque inmediatamente ya está pensando en el siguiente. Sin embargo, cuando no lo logra y se siente sola y aislada, tampoco disfruta. Entonces ¿cuándo piensa disfrutar? Así está infinitamente.

Cuando no disfrutamos de lo que estamos haciendo, ya estamos creando un estado de soledad de perturbación.

Otro ejemplo es el de María, una gran compañera. Le apasionaba la música y el deporte. Su objetivo era sacar el Grado en Educación Infantil puesto que le apasionaba la educación infantil. Previamente había sido entrenadora en la escuela de atletismo. Para poder pagarlo, estuvo todo el verano trabajando en un hotel como recepcionista. Y para las horas libres, decidió coger un segundo trabajo, ya que necesitaría bastante dinero para pagar los estudios y el alojamiento. Al principio estaba muy motivada y parecía que podría con todo. Ella consideraba que lograba todo lo que se proponía. Sin embargo, esta vez no iba a ser así. Es cierto que no siempre se disfruta, aunque siempre debes intentar ser feliz a pesar de cualquier adversidad. Pero María esta vez, a medida que pasaban las semanas, se iba aislando. Dejó de entrenar y de cantar por falta de tiempo. Se había obsesionado tanto con su objetivo a corto plazo que dejó de disfrutar incluso de ser ella: una persona feliz con una sonrisa encantadora. Creemos controlar la situación y no es así, pues vamos contra nuestros valores y deseos. Y eso tiene un precio. Creyó que serían tres meses que pasarían rápido. ¡Vaya si le pasaron lentos! Al finalizar la temporada de verano se dio cuenta de que se había perdido en la idea de disfrutar. Por culpa de su obsesión, dejó de disfrutar y se quedó sola, sin reconocerse. Fue entonces cuando llegó a la conclusión de hacer varios cambios en su vida. En dar importancia a su felicidad, en dejar de obsesionarse, porque si en tres meses se sintió así, no quería imaginarse los cuatro años de estudio cómo serían.

Te habrás dado cuenta de que muchas veces, la soledad que sentimos la causamos nosotros de manera involuntaria. Eso no quiere decir que todo aquel que lucha por sus metas no disfrute, lo contrario. Si es lo que deseas, y te motiva hacer cada día. Pero si no es así, te sentirás solo luchando contra ti mismo en un callejón que no tiene salida. ¿Crees que vale la pena sentirte solo y dejar de divertirte para lograr un propósito? No dejes de divertirte, ni de luchar por tus metas, pero comprendiendo la soledad. El tiempo pasa, pero no vuelve.

9. Comparte tus sentimientos

Dos de cada cinco trabajadores no están satisfechos con su trabajo. Y tú, ¿estás satisfecho? Cuando se te acumulan muchos sentimientos negativos, tu vida puede ser un caos. Si a la soledad le añades el enfado, el agobio, la ansiedad y la depresión por tu trabajo, tu vida puede ser un calvario día tras día. Sin embargo, estos sentimientos son la consecuencia de cuando nos pasan cosas desagradables o que van en contra de nuestros deseos.

Como habrás visto, no importa quién seas o el dinero que tengas. O estás preparada o la soledad te llevará con ella como hizo conmigo.

¿Por qué puedes llegar a ser tan egoísta? ¿Sabías que la única diferencia que hay entre las personas es la manera en cómo afrontan las situaciones difíciles para salir de ellas? ¿Sabías que hay muchas maneras de hacerlo? Por ejemplo, hay quien utiliza el sentimiento compartido. Es decir, el que lo comparte con sus seres queridos, como su familia, sus mejores amigos e incluso con sus jefes de trabajo. Esta opción es la que te ayuda a recargarte de energía, a borra tus heridas y volver a empezar. Pero para actuar de esta manera es importante dejar tu vergüenza y tu ego de lado. Quizás al principio pienses que puedes superarlo solo, pero cuando ves que ya llevas mucho tiempo con este sentimiento, no cometas el mismo error que yo. No olvides que una soledad compartida es mucho más llevadera y fácil de superar. ¿Cuánto hace que no compartes tus sentimientos? ¿Te consideras una persona sociable o introvertida?

Sea como sea, es importante superar esta etapa. No te sientas culpable. Muchas veces parece que quien se siente solo está cometiendo un delito, así nos lo ha hecho entender la sociedad. Permítete este sentimiento, ya que muchas veces es inevitable. ¿Te permites sentirte solo? Ahora bien, lo que no debes de permitir es que esta sensación te dure toda la vida.

Cuando mi tía perdió a su abuela, se sentía sola, triste. La echaba tanto de menos que parecía todo un sueño, no se lo creía. Sin embargo, era real. En esta situación, debes permitirte estar triste, ya que muchos sentimientos no controlas, y menos si es la primera experiencia que tienes de perder a un ser querido. Esto sí que es una situación para sentirte mal, es normal. Pero lo que no tuvo en cuenta mi tía fue que realmente no estaba sola. Estábamos todos juntos pero, al mismo tiempo, todos nos sentíamos solos. Ante esta soledad por el fallecimiento de mi bisabuela, nuestra actitud fue no obsesionarnos con ella. Sabíamos que sentirse triste era normal, ya que habíamos perdido a un ser muy querido. Lo que no era entendible era que mi tía se aislará, no quisiera compartir con nosotros el mismo dolor. Fue la que lo sufrió más de nosotros y llegó a pagar un precio muy alto con la salud, como dolores de cabeza, ansiedad y depresión entre otras manifestaciones.

Otro ejemplo de por qué debemos compartir nuestra soledad fue mi caso. En mi adolescencia, siempre he sido un padre para mis hermanos, que son tres: Anas, Omaima y Achraf. El día en que me casé y me fui de casa de mis padres también fue un momento de tristeza, aunque por otra parte estaba muy contento: me casaría con el amor de mi vida, Farah. Los primeros meses no le di importancia, sin embargo, siempre que iba de visita, tenía emociones diferentes, de felicidad pero, al mismo tiempo, de tristeza cuando regresaba a casa. Con el tiempo, acabé detectando que era un sentimiento que me perturbaba, que me hacía sentirme aislado. Así que decidí compartirlo. Pero esta vez no con mi familia, sino con mi psicólogo, que también me llevaba la parte deportiva: Carlos P. No sé si por rabia, por vergüenza o por timidez, pero no podía hablar con mi familia. Ya en mi primera visita le dije que no me encontraba bien. Que me daba mucha pena la situación. Él creía que era normal por lo que me había cambiado la vida. Era como perder a unos hijos de manera temporal. Me gustó una frase que me dijo, que lo que hice con mis hermanos era una responsabilidad que debían asumir mis padres, ya que siempre les cuidé, pero que fui un gran hermano y que no dudaba de que sería un buen padre. Me hizo ver que esa sensación pasaría con el tiempo, así que solo podía aceptar la situación. Mientras hablaba con Carlos, me eché a llorar. Aún recuerdo que me hizo un ejercicio con unos muñecos. Que cada figura simbolizaba a mis hermanos y a mis padres, y tenía que explicarle qué han significado para mí, qué les diría hoy y qué es lo que más me ha dado rabia de ellos. Esta vez, hablando era consciente de mis sentimientos, los tenía identificados. Empecé a comprender los motivos y estaba mucho más seguro de que esa soledad desaparecería. Pensé: «Vaya, me he desahogado, he soltado todo el dolor y ahora me siento libre», aunque todo era muy reciente. Carlos me dijo: «Soufiane, eres inteligente y después de estas sesiones te veo bien. Este es el camino a seguir».

Habrás comprobado que tu mayor enemigo es que te pasas el día pensando o que no eres capaz de compartir esos pensamientos con nadie. Siempre estás dándole vuelta a las cosas. Y así es imposible que ayudarte. Por más que te sientas solo, el sentimiento no desaparece. Es importante que busques una alternativa, que no tiene por qué ser la misma que la mía. Cada situación y persona es diferente.

Si tienes metas y aspiras a cosas en la vida, no puedes permitirte estar mucho tiempo con este estado de ánimo porque te está alejando de manera inconsciente de tus propósitos y estás dejando de tener confianza en ti, así que mi recomendación es que adaptes lo antes posible a la nueva situación. No tengas miedo a tu soledad, ya que es normal. Pero sí debes preocuparte de que sea pasajera. Trata de quitarle importancia. Al compartir tu soledad con tus seres queridos, harás que tu mente esté ocupada para dar la vuelta a estos sentimientos que te están perturbando. No olvides que te podrán ayudar, pero deberás ser tú quien decida salir de esta.

10. Tú has decidido la soledad invisible

Cuentan que una persona confiaba tanto en sus premoniciones que gastó sus ahorros en un número de lotería de Navidad. No le tocó, y eso le produjo la muerte instantánea. Ahora bien, ¿quién debe asumir la responsabilidad? ¿Por qué no eres responsable con lo que escoges? ¿Por ignorancia?

Muchas veces no eres consciente de tu elección, de los males que te supondría, de la responsabilidad que debes tomar. En mi caso, escogí el atletismo, tú habrás escogido tu otra meta. Pero yo no asumí que me supondría vivir cuatro años con un sentimiento de soledad. ¿Y tú, qué responsabilidad no has asumido al decidir tu meta? Podríamos decir que cuando escoges un propósito, escoges de manera inconsciente un aislamiento. No es justo que disfrutes de las cosas cuando te van muy bien, pero cuando la situación se tuerza lo pagues con este sufrimiento o peor, que amargues a seres queridos que te importan, haciéndote sufrir aún más. La pregunta es: ¿por qué no has sido responsable con tu elección, por falta de preparación, desconocimiento?

Si te dijeran que tu decisión te supondría un sentimiento doloroso, soledad, tristeza... ¿escoges aun así tu meta, sabiendo el dolor que has de pasar? Si optas a cosas, lo más seguro es que pasen también cosas, tanto buenas como no tan buenas. O eres responsable y asumes el riesgo de llegar a tener sentimientos negativos, frustración, decepción, tristeza..., te quedas sentado mirando cómo lo logran los demás o comprendes estos sentimientos y asumes tu responsabilidad.

Hay muchas maneras de hacerlo. Una de ellas es elegir aquello que te haga feliz. Está claro que asumirá este riesgo porque es lo que amas. Sin embargo, ¿qué pasa cuando no es así?

Es evidente que hay factores que nunca controlarás. Y a veces te saldrá bien y otras peor. Pero sigue siendo tu decisión la elección inicial, es decir, si ir a por tu meta puede suponer un aislamiento, realmente, ¿quién lo escoge? De ti depende cómo quieres vivir tus propósitos. Eso definirá quién serás el día de mañana.

Si no quieres decidir por ti, hazlo por tus seres queridos para que cuando las cosas no vayan tan bien como te esperabas, este sufrimiento no les salpique a ellos. Quizás habrás pensado en que si les afecta será porque ellos quieren, ya que tú no les has pedido ayuda. ¿Pero no es injusto que se preocupen por ti, por lo que estás pasando, por tu decisión y lo pagues así? Creo que se merecen un respeto, aunque no lo hagan de la manera que más te gustaría. Te puedo garantizar que cuando comprendas este sentimiento y des la vuelta a la situación, lo ocurrido solo será una experiencia. Como en mi caso. Si yo lo he logrado, ¿por qué no lo vas a lograr tú? Te animo a que si estas en esta situación, logres ver el otro lado, el más bonito de este sentimiento. Evita gastar más energía y fuerzas poniendo tu foco en excusas, quejándote por tus decisiones. Recuerda que tu familia no está obligada a ayudarte.

Hay personas que lo único que hacen es culpar de sus decisiones, y eso les han llevado a este sentimiento de soledad. ¿Eres de los que se culpan por la decisión que tomaste? Todo este proceso por el que estas pasando sucede porque tú has decidido no levantarte una vez más. Y si has decidido quedarte solo es porque has querido. Es normal que ante esta situación compares tu sentimiento con el de los que te rodean. Sin embargo, es un gran error. Mientras tú estás en una situación desfavorable por todas las emociones perturbadoras que estás pasando, ellos están trabajando en cumplir sus metas, en comprender su soledad y otras emociones aunque les suponga mucho esfuerzo. Por supuesto que les está yendo bien, y ahora es su momento. Pero ¿quién te dice que el día de mañana no estarán en tu lugar y que tengan que comprender también la decisión que tomaron? Recuerda que quien controla sus sentimientos y su soledad es porque algo ha hecho para superarlo.

En mi situación personal, un día de invierno, estaba mirando un torneo de fútbol, ya que mi hermano pequeño practica este deporte. Vi a un padre del equipo contrario sobreprotegiendo muchísimo a su hijo. Le decía lo que tenía que hacer en todo momento. El chico ya tenía catorce años, y pensé: «Vaya, lo está cohibiendo», no le estaba dejando actuar. Veías al niño cómo cada dos por tres miraba hacia las gradas para ver qué le decía su padre. Comprendo que el padre lo hacía porque quería lo mejor para él, pero le sobreprotegía en exceso. En aquel momento, no sé si lo mejor para el padre era que su hijo marcara o que aprendiera a jugar y a divertirse. Pero lo que le estaba enseñando a su hijo era a no saber tomar sus propias decisiones y, lo más importante, a ser responsable de ellas. ¿Crees que el día de mañana este niño podrá superar una soledad invisible? Después de mi lesión me di cuenta de que la sobreprotección es la que acaba dejando a uno solo ya que si te protegen siempre, tienes menos confianza, no eres capaz de resolver un problema y estarás a la espera de que lo hagan por ti. No olvides que si hoy sientes una soledad invisible, lo mejor es comprenderla cuanto antes, mejor. Y lo más importante, no solo pienses en ti, piensa en el futuro, cuando quieras ser visible para tus hijos.

11. Derrumba tu sombra

Lo que sí he podido comprobar es que hay muchas personas que tienen miedo de enfrentarse a su soledad. ¿Por qué no eres más flexible contigo mismo? Muchas veces pensamos que por haber hecho las cosas de determinada manera, no podemos probar otras alternativas. ¿Sabías que quizás te acostumbras a la soledad? Uno se acostumbra a eludir afrontar ciertas situaciones para evitar hacer el ridículo. Para derribar tu sombra, no debes tener miedo.

He estado años sin poder combatir al miedo quizás porque nunca pensé en hacer las cosas de manera diferente. Ahora que lo pienso, era porque no me veía capaz; sin embargo, quería cambiar la situación. Vaya ingenuo. ¿Por qué crees que nos da miedo tomar otros caminos que no hemos tomado antes? Ahora que miro atrás, veo que todo aquel sentimiento me estaba destrozando. Pero también creo que me ayudó a ser quien soy hoy. Aunque también te confieso que si hubiera tomado otro camino con antelación, me habría ahorrado los cuatro años que fueron horribles.

Estuve todos los días, todos los meses de los últimos cuatro años sintiéndome solo, en mi habitación, sin poder dormir. Hoy pienso que no me hacía falta esperar tanto tiempo para tomar otra alternativa. Pero cuando te das cuenta de que no avanzas, es cuando tienes que tomar cartas en el asunto. ¿Eres flexible para tomar otras alternativas?, ¿sacas lo máximo de ti cuando estás atrapado? Mientras, intenta derribar tu soledad; tarde o temprano acabará cayendo.

Por ejemplo, una persona muy querida para mí estaba enferma de epilepsia. Compartimos la misma pasión, el atletismo. Cuando lo conocí después de la soledad por la que pasé, me di cuenta ahí también de que hay personas que también son luchadoras. Que no era el único al que le pasaba desgracias. Quizás si le hubiera conocido antes, me habría ayudado a afrontarlo mejor.

Sin embargo, estaba en mi mundo solitario. A él siempre le gustaba el atletismo, la música y salir con sus compañeros. Siempre lo ha disfrutado mucho. Y eso que la enfermedad le impedía practicar su pasión de vez en cuando. Ya que tenía ataques tanto en medio de las competiciones como en los entrenamientos. Pero a medida que pasaban los años, los ataques epilépticos incrementaron, por lo que todo lo que deseaba disminuía cada vez más. Algo que le costó mucho afrontar fue dejar sus relaciones de amistad. Ya no podía hacer vida normal por muchas razones. No es fácil hacer vida normal en esta situación. La primer vez que vi un ataque epiléptico fue de él. Me impactó muchísimo. Es normal que ante esta situación todo el mundo sea amable con él y le ayude, aunque él no quería que nadie sintiera lástima. Lo que él quería realmente era recuperarse, volver a entrenar y recuperar sus amistades. Los últimos años fueron difíciles, ya que cayó en las redes de la soledad. Los amigos dejaron de ir con él, ya que apenas salía. Solo le recordaban con una sola llamada telefónica, pero no era suficiente para él. Pues bien, un día le llamaron del hospital y le dijeron la situación en la que se encontraba. Y que si él decidía, podía operarse aunque tenía un alto porcentaje de riesgo. ¿Os acordáis de que hemos hablado de que uno decide la soledad invisible? Así fue su caso también. Fue el golpe definitivo que tenía para derrotar a su soledad. A mediados de febrero del 2020 él estaría en el quirófano, aunque sus padres no estaban de acuerdo. Pero tenía muy claro que quería abatir a la soledad. Era un momento muy importante para toda la familia y para todos nosotros. Después de varias horas, y con la preocupación de todos, los médicos confirmaron que, en principio, todo había salido correctamente. Cuando nos enteramos, me desperté muy emocionado. Me acuerdo de que era un día nublado, pero que la noticia abría el día. No pasó ni un día hasta que colgó las imágenes de la operación, con todos los cables conectados en su cerebro. Pensé: «¡Este chico está hecho de otra pasta!».

¡Por fin! Eso sueles decir cuando lo logras, ¿verdad? Afrontar la situación del modo en que lo hizo mi compañero sabe a gloria cuando se logra el objetivo. Hay las acciones que muchas veces deberás hacer si quieres derrumbar la soledad. En el caso de mi compañero fue una operación que podía haber acabado con su vida. ¿Y tú?, ¿cómo derribaras tu soledad?, ¿permitirás perder aquello por lo que siempre has estado luchando?

He comprobado que cuando uno cree que no lo puede lograr, decide no hacerlo. Pero muchas veces es más sencillo de lo que puede aparentar. ¿Qué hubiera sido de mi compañero si no hubiera decidido eliminar su soledad? Tu mente siempre se va a imaginar todo desde una peor perspectiva de lo que va a ser realmente. Mi compañero ya ha combatido la soledad y se encuentra haciendo lo que más le apasiona después de comprenderla. ¿Dónde vas a estar tú de aquí unos días? Te invito a que la derrumbes con un solo *KO* antes de que lo haga ella.

12. ¿Vergüenza a la soledad?

Bradley Cooper es un actor que, como todos, solo usa el 10 % de su cerebro. En una serie de televisión que protagoniza, al ingerir una droga va aumentando su poder mental hasta el 100 %: mueve objetos, lee la mente, desarrolla una fuerza extraordinaria… ¿Podremos todos desarrollar el 100 % de nuestro poder mental como hace el protagonista de la película *Sin Límites*? ¿Te imaginas tener este poder? ¿Qué es lo primero que harías?

En muchas ocasiones, cuando te equivocas, tú mismo puedes ser tu peor enemigo. ¿De qué te servirá desarrollar el 100 % de tu poder mental si más tarde te vas a castigar? ¿Te has equivocado alguna vez? ¿Te ha llevado esta elección a sentirte solo? ¡No te preocupes, no pasa nada!

Sinceramente, ¿te preocupa más haberte equivocado o lo que hayan pensado los demás de ti? Sea una o la otra, ¿te avergüenzas? Si te quedas quieto, seguro que no te equivocarás nunca, pero siempre irás con ese sentimiento de soledad. Solo te equivocarás si estás en pleno movimiento. Tienes que aprender a convivir con ello, ya que forma parte del éxito personal. Si no quieres ser aburrido, debes perder tu vergüenza. Permítete cometer errores, la perfección no existe, se intenta pero no se logra. En lo personal, como has comprobado, he cometido muchos errores de los que me arrepiento. Pero me arrepiento más por sentir esa vergüenza. Hay que entender el error como parte de la vida y no hacer de ello un mundo. Como lo hice yo.

Si has vivido experiencias, si has cometido muchos errores, si has sentido la soledad, si has sentido vergüenza, entiendo que no estabas preparado aún. Ahora, con más madurez, puedes actuar diferente.

Nunca llegué a entender completamente por qué sentía vergüenza por mi soledad, por la situación en que me encontraba, aunque hay que entender las circunstancias de cada momento. Me da vergüenza más de pensar en la situación en que me encontraba que de la vergüenza que de verdad sentía.

Hasta que no entiendes con el tiempo que no puedes seguir pasándolo tan mal, no actúas. Cuando dejas de sentir vergüenza es más fácil comprenderse y perdonarse. Ahora siempre que veo a venir esa sensación, ni me aíslo ni me paralizo. Aprendo sin sentir vergüenza por lo que pueda pasar.

¿Has intentado camuflar tu vergüenza? ¿Crees que tus compañeros no la notaron? Quizás te hayas vuelto un experto en esconder tus debilidades, mira la parte positiva. Sin embargo, a medida que pasan los días y los meses, te acabarán descubriendo. Pero de manera inconsciente, aparte de sentirte solo, con vergüenza y asilarte, ahora decides esconder tus sentimientos.

Una de las claves es perdónate con más facilidad. No te castigues más, ya tienes bastante con lo que tienes. No seas tímido con tu soledad, te darás cuenta de que no es para tanto cuando veas que no se acaba el mundo. La otra clave es no tomar en serio cualquier cosa. Solo las que verdaderamente importan. Sentir vergüenza por tu soledad quizás no es tan importante como parece. ¿Serías capaz de ir a una playa nudista? Quizás dejes de sentirte solo por un momento. Depende de lo que hayas pensado al responder, dice mucho ti. Si dramatizas o no la situación. Si eres o no eres flexible. Si te importa la opinión de los demás. Independientemente de que no vayas a una playa nudista, mira lo que ha podido generar en ti una simple pregunta.

A día de hoy, he perdonado a todo el mundo y, sobre todo, a mí mismo. Me siento muy feliz por ser como soy y no me avergüenzo de nada. Bueno, sí, solo la patética vergüenza que sentí en su momento por mi soledad. He aprendido muchísimo a lo largo de mi vida, y he podido comprobar que la flor que más dulce que puedes oler es tímida y vergonzosa.

13. Te conformas en un mundo que amas ser notado

Hace exactamente un año descubrí algo que cambió mi vida: el inconformismo. A pesar de que te sientas solo, date cuenta de que en tu interior no estás de acuerdo. Otra cosa es que seas capaz de actuar lo antes posible.

Ya hemos mencionado la vergüenza, el ser capaz de adaptarte. Eso no quita que tengas que dejar de luchar por tus metas. Si finalmente no logras comprender ni superar tu soledad, siempre puedes intentarlo una vez más. Es normal que quieras abandonar si crees que no está a tu alcance, en ese momento es cuando aceptas y te conformas. Es importante que seas sincero con tu inconformismo.

Me acuerdo de que en 2014 cuando estudiábamos en la ESO conocí a Joan, un chico que quería ser futbolista. Él nunca se conformó con solo jugar en el equipo del pueblo. Siempre trabajaba y entrenaba día y noche para llegar a ser futbolista profesional. Sí que es cierto que en su caso siempre tuvo a su padre y su hermano apoyándole. Cuando un día le preguntó un compañero qué quería ser de grande, él respondió: «Futbolista profesional». Veía cómo Cristian, Rubén y otros compañeros se reían. Le dijeron: «Si llegas a tercera división, ya eres afortunado». En aquel entonces, era donde se encontraba el club de su pueblo. Él no le dio importancia a lo que le dijeron, estaba decidido a llegar a lo que quería conseguir.

Personalmente, me pareció brutal la manera que tenía de nunca conformarse con lo que lograba. Pasó por un proceso muy largo en el que se vio obligado a jugar con varios clubes en categorías inferiores. Finalmente, llegó a jugar en equipos de primera división como el Español, Valladolid, Éibar y el Sevilla de primera división. ¡Vaya si lo logró! Tuvo una capacidad de inconformismo con él mismo que le llevó a la meta. Seguro que a día de hoy, aún no se ha conformado y aspira a mucho más.

¿Cuántas veces te has conformado con lo que tienes? ¿Cuántas veces has decidido seguir estando solo y no superar tus miedos? ¿Qué tipo de persona eres, como Joan o como sus compañeros?

Sé valiente, no te conformes con tu soledad y te diría que ni con lo que tienes. Tienes potencial para multiplicar todo lo que eres. Pero es importante que lo hagas con las cosas que te hagan ser feliz. ¿Te haría feliz desatarte de la soledad? Si es así, no permitas que el miedo, tus compañeros ni la sociedad te aplasten. Tú decides cuándo abandonar.

Si te consideras un conformista aunque te esté aplastando tu soledad, te daré una clave. ¿Sabes por qué lo estás siendo realmente? La mayoría de personas prefieren seguir con su dolor, con aquella soledad, porque requiere fuerza de voluntad. Sí, así es. Con otras palabras, prefieres conformarte a no mover un dedo. ¿Verdad que a día de hoy no eres feliz con aquello que tienes que convivir todos los días? Mira que no soy adivino, pero cuando uno vive con la sociedad, es conformista, es triste. Utiliza la herramienta de la fuerza de voluntad. No caigas en pensamientos de que es la vida que te ha tocado vivir. Es la que tú has elegido. Fíjate que si te encuentras trabajando en tu profesión es porque algún día decidiste estudiarlo. También si te encuentras en una empresa en la que no estás cómodo es porque algún día dejaste el currículo. Si te sientes solo, también es porque lo has decidido así.

Ahora bien, es importante que seas coherente con tu situación. No cometas mi locura de dejarlo todo e ir a Alemania por sentirme solo. Siempre pensé que lo podría haber hecho mucho mejor y evitar muchos disgustos. Quizás tu situación sea más favorable; aun así, mide bien los riesgos. Pero que eso no te frene, a nadie le gusta los cambios. Los beneficios de esta inconformidad no se cosecha del día a la mañana. Date tiempo. Si, por ejemplo, te encuentras estudiando fuera de casa y te sientes solo, puedes permitirte perder uno o dos años si estas pasando por un mal momento. No lo veas como algo desorbitado. ¿Qué te va a suponer, que en vez de lograr tu objetivo, por ejemplo, a los veintisiete lo logres a los veintinueve? ¿Qué crees que sucederá? ¿Se acabará el mundo? Quizás esos dos años serán los que tardes en encontrar un trabajo. Lo mismo si tienes a un ser querido o conocido al que le hacen *bullying,* que se siente solo. Ayúdale a que no se conforme con esa situación. Ayúdale a que tenga coraje. Nadie tiene derecho a hacer sentir a alguien el sentimiento de soledad.

A día de hoy, no te conozco. Puede ser que hayas pensado que en la situación que vives no estás teniendo compasión. Eso pensé yo cuando estuve lesionado. También pensé que era normal sentirme solo y conformarme, ya que creía que estaba en una situación complicada. Una de mis reflexiones fue: ¿Como voy a aguantar? ¿Cómo no me voy a conformar ante esta situación? ¿Si estoy solo, cómo lo voy a lograr? Parecía que me estaba autoconvenciendo para conformarme con lo que tenía. ¿Por qué la mente es tan cabrona?, ¿o somos nosotros? Hay quien aprende a base de palos, hay quien ni aun así. Y hay quien utiliza la herramienta de la voluntad que ya hemos mencionado. Esta te ayuda a revelarte en todo momento cuando hay algo que no va acorde con tus sentimientos o deseos. Y decides no seguir en la posición en que te encuentras. Cuando das el primer paso, te das cuenta de que ya no es tan difícil como te comentaron o te creíste. Quizás tengan razón, y lo más fácil sea que te conformes, pero te puedo asegurar que, a la larga, esa soledad te comerá. Por ejemplo, en mi caso tuve que aplicar la fuerza de voluntad para dejar de sentirme solo durante la lesión. Tenía una pauta que me costaba mucho ejercitar. Tenía que hacerla durante varios meses, una rutina de caminar y probar a correr unos minutos. También alternar otros deportes que nunca me gustaron, que no tengan impacto, como la bicicleta, la natación. Comprenderás que para un atleta eso es complicado.

Cada día me daba mucha pereza hacer algo que no deseaba. Pero al mismo tiempo no quería conformarme con esa situación. Cada día que acababa, me sentía peor que antes de empezar. Me sentía muy mal conmigo mismo. Pero ¿sabes lo que pasó al no querer conformarme con mi soledad? Me acabé acostumbrando y me ayudó a no conformarme.

No todos hemos nacido exitosos. Pero puedes trabajar para serlo. Cuando me refiero al éxito, me refiero a ser libre emocionalmente ya que cuando logres ser libre, lograrás todo aquello que te propongas. No te olvides de que quizás no logres liberarte de tu soledad a la primera, ni a la segunda, ni a la tercera vez. Pero siempre puedes seguir sin conformarte una cuarta vez.

14. Invisible por un tiempo

¿Te has sentido invisible alguna vez? ¿Te pensabas que lo ibas a ser para siempre? ¿Verdad que muchas veces has sido invisible tanto para tus seres queridos como para los que no lo eran tanto? Sin embargo, ¿por qué crees que por una derrota temporal no volverás a ser visible? Ahora que conoces mejor la herramienta que caracteriza el conformismo, no dejarás que te arrastre la tempestad. Si no aceptas las circunstancias en las que te encuentras, es difícil que vuelvas a hacerte visible. Nadie podrá hablarte, ya que no sabrán dónde estás. O regresas, o estas muerto para todos.

Si aspiras a grandes cosas en la vida, debes aceptar que tarde o temprano te harás invisible. Pero eso solo será por un tiempo, ya que el fracaso y la soledad forman parte del éxito.

A nadie le gusta fracasar, y menos aún hacerse invisible. ¿Te imaginas que los *influencers* un día se levanten y encuentren su cuenta en mil *followers* cuando antes tenían más de un millón? ¿Cómo crees que se sentirían? Solos, ¿verdad? Pero es algo que puede pasar. Puede parecer un contexto muy negativo, pero es la realidad que muchas veces no se quiere ver. No puede ser que te sientas invisible cada vez que no logres lo que te propongas. Si quieres volver a aparecer, comprende primero tu soledad, adáptate, no te derrumbes, maneja tus emociones, cambia de hábitos e irás apareciendo poco a poco y de manera natural.

Volver a aparecer requiere tiempo. Y aún más si has logrado cosas muy grandes. Aunque a ti no te vean, tú sí que puedes ver tu fracaso y decirle: «No vas a lograr que me sienta solo».

Te habrás dado cuenta de que hay muchas personas que siempre son visibles. Que nunca se sienten solas, aun no logrando aquello que siempre han deseado. Estas personas comprenden muy bien la soledad, y tienen la virtud de no ser abatidos por su ego. Estas personas, aunque tengan una época mala, siguen siendo visibles para todos. Te habrás preguntado muchas veces cómo lo pueden lograr. Me gustaría que reflexionaras ahora y pensaras en algún conocido que tenga esta cualidad. ¿Verdad que no deja de sonreír siempre y de ser feliz?

Estas personas conocen bien que la vida tiene etapas, unas mejores que otras. Y no por pasar una mala racha se hacen invisibles para sus seres queridos. Estos prefieren quedarse siempre visibles, a pesar de lo que puedan estar pasando. Ellos comprenden que no se sentirán solos si alguien les dice que son perdedores cuando las cosas no van tan bien. Entienden muy bien que puedes pasar de la cima a la base en cuestión de días. Seguro que conoces a algún famoso que dejó de existir y ser visible para la sociedad. Si no tiene la cualidad de evitar ser abatido por su ego, te imaginarás cómo se estará sintiendo.

Así es la vida de impredecible. Hoy estás y mañana no estás. Por eso, si de verdad te quema ser invisible, si te quema la soledad, si no aguantas más esta situación, que sepas que siempre puedes hacer algo más para cambiar la situación. Comprende tus virtudes, no tengas miedo al fracaso, no dramatices, ni hagas caso de lo que digan de ti. Como habrás visto, aquel que disfruta nunca se siente solo y aquel que no puede estar solo escoge cualquier cosa por desesperación.

15. Crea un mundo nuevo

A todo el mundo le gustaría tener el poder mental de adivinar el futuro, excepto para predecir su propia muerte, ¿no es así? Muchas veces no quieres ver la realidad, pero tampoco quieres hacer nada para cambiarla. Te habrás dado cuenta de que la gran mayoría de veces que te has sentido solo realmente no lo estabas, ya que tienes tus ideas, tus experiencias, tu conocimiento, que te está acompañando en todo momento. Vives constantemente con tus recuerdos, creando así un mundo nuevo y un aislamiento diferente.

¿No prefieres crear un mundo real en el que no existieran tus recuerdos y dejes de sentirte solo? Cuando eres capaz de lograr un nuevo universo, entras en un estado de completa libertad, y aunque te sientas solo, tendrás inocencia en tu corazón.

A mí personalmente me costó mucho tiempo lograrlo. Pero no tiene por qué ser así contigo. Quizás pienses que en un mundo caótico, donde a cosas irrelevantes le damos demasiada importancia, crear un mundo nuevo puede ser muy complicado. Por eso, pienso que es muy importante lo que te estás diciendo en todo momento, ya que se relaciona directamente con tu soledad, con tu vida y con el mundo terrorífico que estás creando de manera inconsciente. Si has logrado mantener un sentimiento positivo, sin contaminación alguna, tu mente será capaz de crear y ver una vida más allá de las palabras o pensamientos negativos que te puedas estar diciendo.

Crear un mundo nuevo no es de fracasados. Si quieres crear un nuevo mundo, una sociedad, libre de dolor, miedo y rencor, necesitarás la ayuda de la sociedad. ¿No es así? Si es así, inicia una vida donde deje de existir tu «yo» y pasa a ser «nuestro». Deberás dejar de sentirte solo, y eso implica unión, ¿no es así?

Pero si jamás estás solo, ¿por qué te sientes solo? Siempre estás acompañado por unas ideas, por unas creencias, que son las que influyen en tus decisiones a día de hoy. Observando todo el contexto, te das cuenta de que tus experiencias influyen directamente en la posibilidad de que puedas crear un nuevo mundo. Solo entendiendo tus experiencias serás capaz de poder dar origen a un mundo nuevo y diferente en el que pueda existir tu felicidad. Y no te olvides: la soledad te conoce muy bien y te brinda un mundo nuevo para enseñarte lo que te mereces.

16. Deja de tener miedo a ser visible

Es tu vida y nunca debes de tener miedo a lo que dirán de ti. Tú decides en todo momento hacer lo que quieras, siempre asumiendo que eres el responsable. Si eres visible pero es lo que deseas, tienes que seguir haciéndolo. Permítete equivocarte, sin pensar qué dirán o dejar de hacer aquello que tanto amas. Hoy estás a tiempo, quizás mañana te quede la espina de saber qué podría haber ocurrido.

Cuántas personas habré conocido que nunca han decidido tomar la iniciativa. Por ejemplo, querer a alguien y no ser capaz de declararle tu amor, querer ir a una entrevista de trabajo pero has preferido no ir y quedarte en la oscuridad. En aquel instante prefieres ser invisible por el miedo a lo que pueda suceder; sin embargo, te quedarás el resto de tu vida maldiciendo porque podrías haberlo logrado. Pues bien, ¿no crees que es mejor ser visible por un instante? Aunque eso te suponga un no, un rechazo. ¿Tienes miedo a lo que dirán, a fracasar? Con todo lo que las experiencias y mi lesión me ha hecho aprender la vida, el no intentarlo es el mayor fracaso. Podría decir que es la mayor decepción que puedas tener, mucho más grande que cualquier comentario que te puedan hacer. Sinceramente, entre tú y yo: ¿quieres vivir con esa invisibilidad, con esa espina, por miedo a lo que te puedan decir? Mi recomendación es que tengas valentía para aceptar, por ejemplo, en el caso de declarar tu amor, a un no por respuesta. A que no acepten tu currículum. Al menos, hiciste lo que sentías, y por un momento has dejado de ser invisible. Quizás no lo logres a la primera y necesites varios intentos. Pero lo más importante es que no te aísles en unos pensamientos que no te llevarán más allá.

¿Recuerdas tu último acto de cobardía? ¿Verdad que empezaste a crear una película mental que te empieza a preocupar y cada vez se va haciendo más grande? Tu mente irá creando un sentimiento profundo, pero al mismo tiempo no es real. Es normal que acabe en ansiedad en función de lo importante que sea para este deseo. Pero ¿qué hubiera pasado si te hubieras arriesgado a declarar tu amor, a ir a la empresa de tus sueños y pedir una oportunidad, a crear tu propio negocio, a pedir perdón...? Con un poco de suerte, habrías recibido un no por respuesta. ¿Y qué habría sucedido?

Fíjate que la mayoría de veces prefieres quedarte solo, aislado e invisible por miedo. Es normal que obtengas una respuesta no deseada, no todo se logra en el primer intento. También es normal que, si haces las cosas de distinta manera, te critiquen. A nadie le gusta aquel que arriesga mucho y lucha por sus sueños. Siempre te tacharán de loco. Hasta que lo logres, como en el caso de Joan, futbolista de primera división en el Sevilla. Si te topas por el camino con personas así, no dejes que te hagan desaparecer. No olvides que son personas envidiosas y tóxicas. Y si les permites hacerte desaparecer del mapa, habrán ganado. Creo que eso no debería ser, creo que eres una persona luchadora, que quieres cambiar las cosas; si no, no estarías aquí. Y la oscuridad nunca puede vencer a las personas luchadoras. A este grupo de personas que siempre critican juzgan a los demás sin conocer su situación personal las considero mediocres. Es como si existiera solo una forma de vivir la vida para ellos, y actúan como si fueran ellos los responsables de ti y tus actos. Pero, por suerte o por desgracia, estas personas intentarán hacerte desaparecer del mapa. Por eso, mi recomendación es que si quieres lograr y ser visible, no te preocupes por lo que dirán los demás. Porque si es así, habrás desaparecido para siempre. Vive tu vida, sé feliz y visible, y todo lo visible que quieran ser ellos, selo tú.

Me acuerdo de que cuando quería regresar de Alemania, tenía mucho miedo a lo que pudieran opinar de mí. De verme como un fracasado. Date cuenta la manera en que mi mente jugaba conmigo, pero me hace escaparme de mi soledad. Y después, me hace sentirme como un fracasado por querer volver a ser visible. La cuestión es que me propuse regresar por todo lo que había pasado y vivido. Es verdad que lo primero que pensé fue que qué dirían de mí tanto mis padres como mis amigos. Aunque eso en el fondo no me importaba, pero tenía ese pensamiento perturbador de manera constante. Yo sabía que quería regresar y esforzarme y quizás por ahí volver a ser visible, dejando todo atrás. Es importante que tengas personalidad para tomar estas tomas de decisión, sin importarte lo que pensaran. Ojo, te lo dice un tío que ha pasado por ello y que también pensaba como tú. Pero me considero luchador, y como te he comentado, la oscuridad nunca puede vencer a uno así. Quizás haya más maneras de superar aquello que a día de hoy te está bloqueando, así que te invito a que experimentes. No lo veas como algo imposible, de hecho, eso es lo que hace que no actúes a día de hoy. Deja tu preocupación, no puedes pasar el resto de tu vida escondiéndote. No hay situación más perfecta que la que puedes crear tú mismo.

¿Dejar de ser visible por miedo a lo que dirán? Si no haces daño a nadie y deseas actuar con intensidad, ¿crees que es correcto quedarse en la oscuridad? Mientras te critiquen, tú trabaja; mientras te odien, tú ámalos; mientras ellos rían, tú sé fuerte. Con el tiempo, si logras mantenerte en movimiento, lograrás ser visible. No te olvides de que la peor soledad es estar con personas así y, sin embargo, sentirte solo.

17. La constancia te hará visible en el desierto

Ninguno de nosotros cree en los poderes extrasensoriales, pero si nos preguntaran si nos gustaría prevenir un peligro inminente, a todos nos encantaría tener esas percepciones, ¿verdad?

Hoy quiero compartir contigo una herramienta que ya conoces. Quizás no sea el poder extrasensorial, pero te puede dar el mismo. En mi caso, cuando me lesioné, me sentía perdido en aquel desierto soleado. Cada día que pasaba me hacía más invisible, pero gracias a la constancia pude cambiar de rumbo. Esta herramienta no tiene un modo de aprendizaje. Cada uno llega a aprenderla. Esta se basa en el sudor y no en la pena. Pocas veces tu pensar cambiará la soledad, pero el sudor y la constancia en gran parte, sí.

Con el tiempo, logré salir del desierto. Sinceramente, no tengo el poder extrasensorial, aunque me gustaría. Pero cuando deseas algo y no te rindes, es probable que te acabes encontrando en este desierto de soledad.

Pues bien, si estás perdido, evita quedarte en la presión y bloquearte. Mantén tu constancia. Esta constancia será una herramienta muy poderosa. Cada día la podrás controlar mejor. Lo importante es que persistas de manera inteligente, ya que quizás no salgas de esta soledad en unos días, y requiera más constancia aún. Quizás lo puedas llegar a ver como una tortura, pero si realmente deseas salir de la soledad, encontrarte fuera del desierto, disfrutarás con el proceso. Sin embargo, si solo te estás engañando, no crees en ti y lo haces por alguien, te diré que no podrás resistir ni un día.

Es importante que tengas claro que si estas pasando por una soledad intensa, es evidente que esto requerirá una constancia aún más intensa. Muchas veces, cuando creas que ya te has encontrado y que empieces a entender todo, quizás te surja un percance que te haga ahogarte en la arena del desierto. Si no tienes claro que la vida te espera con adversidades, es difícil que emplees la constancia de manera efectiva.

Por mi propia experiencia, he podido comprobar que lo más complicado no es encontrarse a uno mismo o comprender la soledad, sino mantenerte visible con el tiempo, y para ello debes haber comprendido antes la constancia. ¿Hasta qué punto estás dispuesto a persistir? ¿Crees que persistir es generar dolor? ¿Deseas volver a ser visible?

Te responderás con otra pregunta: ¿qué estás dispuesto hacer para lograr tu visibilidad?

Muchas veces, ser visible y abandonar la soledad viene determinado por la constancia que tengamos para lograrlo y cómo emplear esta herramienta disfrutando en todo momento. Habrás conocido muchas historias de actores, cantantes y deportistas reconocidos mundialmente que explican su historia. Es el caso de una guerrera, como la cantante Rosalía. ¿Conoces su historia? Te invito a que la descubras. Te darás cuenta de que grandes estrellas como ella un día fueron rechazadas. Si puedes hablar con ella, pregúntale cómo se sentía. Creo que más perdida no se podría sentir. Seguro que ella también desconfiaba de sí misma después de que alguien con un cierto criterio le dijera que no valía. Pero ella persiste, y ahí está. ¿Quién te dice que tú no puedes hacer lo mismo? Si hoy te sientes solo, quizás mañana dejes de estarlo.

Es cierto que muchos quieren abandonar su soledad, ser visibles, o aún más: ser superfamosos. Sin embargo, no están dispuestos a persistir. Yo siempre he pensado que estas personas no son fieles a sus principios. Cada cosa tiene su esfuerzo. Para Rosalía, practicar, componer, estudiar, día tras día hasta lograrlo. ¿Y para ti, qué supone abandonar la soledad?

Así es la soledad, un éxito. Por eso, mi recomendación es que disfrutes abandonándola. No solo tomándola como reto, sino de las adversidades que te pueda dar. Visualiza tu felicidad como si tuvieras un poder extrasensorial. Y no olvides que la soledad no tiene nada que ver con las personas que te rodean, sino lo constante que sea tu virtud para lograr que todas las otras virtudes den sus frutos.

18. Dejando los malos momentos con actitud

Para que haya constancia, tienes que tener actitud. ¿Quién no tiene malos momentos? ¿Quién nunca se ha sentido solo? ¿Por qué estás triste todo el día? ¿Crees que te solucionará algo este sentimiento de soledad? Fíjate en que hay personas que no dejan de brillar nunca, aunque estén pasando por momentos complicados. ¿Conoces a alguien?

La actitud es muy importante para poder hacer frente a este sentimiento. Sin esta, es prácticamente imposible. Es normal pensar que no la puedas conseguir en la situación en que te encuentras. Me pasa prácticamente lo mismo con mi soledad. Me veía fundido. Como dice Víctor Küppers, las personas son como las bombillas. Hay bombillas que brillan y otras que están fundidas. ¿Con qué tipo de bombilla te identificas actualmente?

Mi tía también fue una bombilla fundida el día que murió mi bisabuela. A nadie le gusta perder a alguien querido y muchas veces, sin la actitud correspondiente para poder hacerle frente, hace que nos sintamos solos. Personalmente, considero que cuando no tenemos actitud somos egoístas con nosotros mismos. Cuando falleció mi bisabuela, todos los familiares perdimos por un momento la actitud. Pero sabíamos que lo sucedido no dependía de nosotros. Era algo que tenía que pasar y debíamos estar preparados para empezar una nueva vida sin ella. No es fácil empezar una nueva vida cuando siempre ha estado presente, y más aún si ella sí que tenía actitud hacia nosotros. Pero empezar supone una buena actitud. En lugar de estar triste, fundido, llorando todo el día, es importante recomponerse con valentía y comprender estos sentimientos. Es normal, si tienes que llorar, llora, nosotros también lo hicimos. Pero intenta no estar siempre nadando en tus lágrimas.

Es muy importante que si sientes sentimientos de soledad que te están perturbando, pregúntate: ¿depende de mí esta situación?, ¿puedo cambiar las cosas? Cuando veas que no depende de ti, como una pérdida de un ser querido, mantente animado, céntrate las cosas buenas en las que has vivido. Céntrate en todo lo que te queda por disfrutar sin dejar que la soledad te aniquile. ¿Crees que a mi bisabuela le hubiera gustado ver a mi tía sin actitud y con aquel sentimiento perturbador?

Yo creo que al final lo hemos logrado a nivel familiar. Pero no dudo en que hay personas con mala actitud que pensarían: ¿por qué me siento solo?, ¿por qué ha tenido que ser mi abuela?, ¿por qué podría haber sido otra persona? No debes juzgar a las personas que piensen así. Es comprensible. Pero ¿realmente le ayuda ese pensamiento? Ya no podemos recuperar a seres queridos que hemos perdido. Si es así, ¿por qué sigues sufriendo? ¿No es mejor abandonar la soledad, ser feliz y ver lo bello que ha sido convivir con ellos? Para lograrlo, hay que mantener una actitud positiva, y eso muchas veces no es fácil.

Un ejemplo fue cuando un día en enero de 2021 tuve que llevar a mi hermano a un partido de fútbol. Y pasó algo muy común: se nos averió el coche. No nos había pasado nunca antes. Llegábamos justo a tiempo al partido, veía cómo mi hermano pequeño se estresaba e iba perdiendo el ánimo. Para él era un evento importante, ya que tenía que jugar un torneo donde acudirían grandes equipos de fútbol. Intentó tranquilizarlo, pero él perdió la esperanza cuando veía cómo el coche no había manera de arrancarlo. Empezó a decir: «¿Por qué me tiene que pasar solo a mí? Ahora seré el único del equipo que no acudirá». Veía que poco a poco se aislaba y se sentía solo. Lo primero que hice fue hacer una revisión rápida y ya vi cómo el tubo de agua de refrigeración estaba roto. No teníamos otra solución, teníamos que llamar a la grúa. Llamé a la compañía de seguros lo antes posible para que nos ayudaran. Pero me comentaron que en esos momentos todos sus servicios de taxis estaban ocupados, que tardarían bastante. «¡Vaya servicio!», pensé. Cuando le informé a mi hermano de la noticia, perdió la actitud y se enfadó con la compañía. Al cabo de quince minutos apareció el gruista, que también nos informó de que tardaría mucho el servicio de taxi. Empecé a charlar para mantener el ánimo, ya que no dependía de nosotros. Sin embargo, por casualidad pasó por allí un compañero de equipo que, muy amablemente se paró para preguntar si todo iba bien. Al explicarle toda la situación, finalmente fue con su compañero y yo me quedé con el coche. Puedes imaginarte el mal trago que pasó. ¿Realmente valía la pena?

Toda esta actitud se extrapola a nuestra soledad. Por eso, verás a personas que siempre se sienten solas, que solo se enfocan en lo negativo. Es decir, siempre con el «y por qué yo». Con esta actitud, no te puedes liberar de ninguna manera de la soledad.

Siempre he considerado que una persona que sepa afrontar su soledad es una persona con mucho ánimo. Son personas que no gastan ni un minuto en debatir algo que no está en sus manos. Todo lo contrario, intentan dar la vuelta a la situación. Son personas que por muy profundo que sea el sentimiento, nunca se hunden. Eso es algo muy especial que tú también puedes lograr hoy. Cuando traicionen tus sentimientos, encuentra la solución al problema. No pierdas tiempo, como hizo mi hermano, en algo que no está en tus manos. Y recuerda que cuando te sientas solo, puedes lograrlo también solo.

19. ¿Confías en volver a ser visible algún día?

Cuando juegas a la lotería, confías en que te toque algún día, ¿verdad? Eso es, si no confías en que algún día volverás a ser visible, estás muerto. Confiar en que lo vas a lograr te hará ser visible antes de que lo logres. Has podido comprobar que no importa que seas rico, guapo y físicamente te sientas fuerte. La soledad te puede seguir de la misma manera si no tienes confianza en ti y en que puedes comprender la soledad.

Es muy común ver personas con un índice de confianza bajo sufrir de soledad. Por lo general, son personas que no se sienten atractivas, que tienen algún complejo, que no logran lo que desean a la primera. También sucede por tener una adolescencia un poco desierta.

Son personas que la soledad no solo les está aislando, sino que también les está quitando toda su confianza. ¿Cuándo fue última vez que te sentiste solo? ¿Tuviste confianza en que lo superarías?

Es muy triste no confiar en uno mismo. Si tú no lo haces, ¿quién lo hará? Es normal que puedas generarte complejos de inferioridad. Influirá mucho en tus hábitos y el entorno en el que te encuentres. Si confías muy poco en ti, te aíslas, y lo único que haces es ver a tus conocidos en las redes, divirtiéndose. Con eso, te sientes aún más solo y puedes llegar a perder completamente tu confianza. Pero quizás lo que veas no sea del todo cierto, es decir, que aquellas personas alegres realmente se sientan solas, pero lo que están haciendo es llenar un vacío. Quizás se sientan más solos que tú. La única diferencia es que ellos están en movimiento, utilizando herramientas para salir de la soledad. Es muy importante que en esta situación no te compares con los demás. Céntrate solo en ti mismo y en tu soledad, que si es para compararte, que por lo menos sea para animarte, no para sentirte aún más solo.

Te lo dice alguien que ha tenido la confianza por los suelos, y no me avergüenzo de decirlo. Cuando uno escapa de la realidad, como fue mi caso, te puedo asegurar que uno no tiene confianza. Y cuando la pierdes, uno no puede comprender ni entender la soledad, ya que muchas veces puedes dejar de ser tú al comportarte de otra manera. ¿Cuándo fue la última vez que te sentiste observado? Sentías que no tenías confianza, sentías que te observaban tanto lo que hacías como lo que decías. La realidad es que no es así, muchas veces en ese estado de soledad y de desconfianza en que te encuentras tiendes a tener estos pensamientos traicioneros. Por ejemplo, en mi caso, cuando estaba lesionado y quería salir a entrenar, creía que todo el estadio me observaba. Sin embargo, cada uno estaba en sus asuntos. Era unos pensamientos que me creaba yo mismo. De cómo me verían, qué estarían pensando, y yo me decía si no sería capaz de volverlo hacer... ¿Por qué tenemos estos pensamientos cuando perdemos la confianza? ¿Cuál fue tu último pensamiento destructivo? ¿Ya lo has superado con confianza?

En fin, podemos llegar a ser muy complejos. ¿Por qué en un estado así te gusta que te animen? Muchas veces puede parecer que desees esta ayuda, pero parece que te canse tanto consuelo, ya que lo que quieres es normalidad. Quienes se llevan la mayoría de chascos por ofrecernos ayuda son nuestros padres.

Me acuerdo que en la secundaria tuve un compañero que siempre se sentía solo. Héctor era muy tímido, con mucha carencia de confianza. Se sentía muy observado por todo el instituto. Creo que aparte de que era un sentimiento que él se creaba, también provocaba un estado de aislamiento. Me acuerdo de que Ana y Lorena, dos grandes personas, se ofrecieron a hablarle. Ya que Héctor se creó una barrera de entrada muy complicada. Ellas decidieron ayudarle. No sé si estaban preparadas para hacerlo, pero así lo decidieron.

Esto ocurrió mientras estábamos en la hora del recreo. Por un momento se generó un tiempo muerto en todo el instituto. Si antes no tenía el punto de mira puesto, esta vez sí. Tras la chapa que le pegaron, una por cada lado, saltó él, de repente, gritando: «¿Me podéis dejar de una vez? Aunque me veáis solo, deprimido, amargado, no quiero la ayuda de nadie, ¿comprendéis?». Ellas no se lo tomaron a mal, ya que comprendían la situación por la que pasaba. Pero en aquel entonces, Héctor no quería que nadie sintiera lástima por él. Podemos llegar a ser muy complicados. Aparte de sentirte solo, no dejarte ayudar por nadie. Quizás esta soledad muchas veces nos gusta y nos protegemos con ella. ¿No crees?

Por eso, creo que es muy importante que confíes en ti y sepas lidiar con tu soledad. De esta manera, no te encontrarás en la tesitura de Héctor. Quizás no sea una situación de lástima, pero es lo que sientes en ese momento. Yo, personalmente, también notaba cómo sentían lástima por mí mis seres queridos. Pero cuando logré comprender mi estado y tener confianza, con una actitud positiva y autoestima noté cómo esa lastima se difuminaba. Podría decir que me respetaban más, o por lo menos, como yo quería. ¿Por qué sienten lástima por nosotros? ¿Crees que realmente damos pena? ¿Sentirse solo es dar lastima?

Creo que cuando vives estas experiencias, aprendes más a confiar en ti, ya que si no, siempre tiendes a vivir estas situaciones incómodas. Por suerte, hoy estás a tiempo de comprender tu soledad, de tener confianza en ti, de hacerte mucho más duro y de superar las tormentas que se te acerquen.

Al fin y al cabo, cada uno es libre de hacer lo que quiera con su vida y de responsabilizarse de ella. A Héctor no le gustaba que le sobreprotegieran, pero al mismo tiempo decidió quedarse quieto, sintiéndose así, solo y sin confianza. Puedes hacer lo contrario, afrontar tu realidad con confianza.

Estoy completamente seguro de que en algún momento de tu vida has disfrutado. Quizás en tu adolescencia. ¿Recuerdas cuándo dejaste de disfrutar y empezaste a percibir este sentimiento perturbador? ¿Crees que no puedes recuperar a esa persona feliz que eras? Para volver a vivir esos momentos en los que no existía la soledad, debes volver a confiar en ti. Intenta no volver al pasado; si no, crea otro momento feliz. Aquellos han sido buenos momentos e intentas guardar los recuerdos. Pero ahora puedes crear nuevas experiencias y no estar viviendo siempre en el pasado por falta de confianza. Ten amor propio y dite a ti mismo: «Yo puedo lograrlo. Puedo comprender mi soledad. Y puedo volver a ser otra vez feliz».

Hay situaciones complicadas en la vida, hay quien decide enfrentarse a ellas y hay quien no. ¿Qué tipo de persona eres? No importa que seas obeso, feo, pobre, no tengas amigos, hayas perdido un ser querido. Puedes hacer dos cosas: o quedarte quieto arrepintiéndote el resto de tu vida porque has sido elegido, o cargarte de confianza y decir «no importa, yo lo asumo». Con el tiempo, he ido formando parte del grupo de personas que afrontan la situación. Me ha costado, pero aquí me tienes, compartiendo contigo mi experiencia.

Valoro mucho ahora las personas que afrontan sus miedos, su soledad, por muy complicada que sea la situación. Un día, en un torneo de fútbol, tuve el privilegio de conocer a un adolescente estupendo. Una persona con una confianza y una resiliencia brutal. Sin embargo, tenía un defecto físico. Era muy bajo. Digo defecto porque él era un estupendo jugador. Pero todos los equipos que lo querían de alto nivel, le decían que tenía que crecer si se quería profesionalizar. Para mí, personalmente, es una burrada pedirle eso a un adolescente y mucho más en su fase de formación. Creo que le pones más piedras de las que tiene en su camino. Aparte de que es algo que no depende de él. Sin embargo, Abdul siguió jugando y luchando por su sueño. Cuando lo veía jugar, era un niño que destacaba del resto, a pesar de ser el más bajo. Vaya, que lo que le decían no tenía sentido. Actualmente está jugando en la cantera de un equipo profesional de segunda división B. Esto es algo que pasa muy a menudo, que tengas una debilidad y te juzguen por ella. En su caso fue por la altura, quizás por la falta de confianza. Pero puedes hacer como él, seguir siendo un niño inocente en busca de su felicidad. No dejes que nadie rompa tu confianza, ya que quizás quien lo esté haciendo no tenga el valor de hacer lo que estás logrando. Te invito a que afrontes tus debilidades, sea miedo, soledad o cualquier otra. Te darás cuenta de que con el tiempo dejará de preocuparte y lo acabarás logrando. No hay secretos, la única manera de dejar de sentir soledad es comprendiendo y poniéndote al frente. Recuerda que, en tu profunda soledad, también estás arruinando tu propia confianza en descubrirte algún día.

20. ¿Aguantar para volver a ser visible?

¿Qué pasaría si los problemas de la vida no existiesen? ¿Tendría sentido para ti una vida así? ¿Qué pasaría si nadie aguantase un poco más? ¿Te causa dolor aguantar un poco más? He escuchado muchas veces que no es necesario aguantar una situación, ya que crea dolor. Sin embargo, no la comparto. ¿Qué pasa si, por ejemplo, deseas algo, pero te está superando la situación? ¿Qué harás cuando tengas un problema? ¿Huir?

Es evidente que para lograr cosas, hay que superar cosas, y eso supone aguantar adversidades. Cuando llegue un problema que te haga invisible, debes aguantar si es lo que de verdad deseas. No puedes estar huyendo siempre. Es normal que tengas épocas malas, que quieras aislarte, pero cuanto antes lo superes, antes te encontrarás.

¿Qué es para ti un gran problema por el cual uno debe aguantar? No todos los problemas son iguales para todos. Lo que para otro es un problema quizás no lo sea para ti. Por ejemplo, que tú te sientas solo quizás para otro no sea tan grave. Pero aun no siendo un problema para los demás, es suficiente si lo consideras tú. Solo uno que ha pasado por ello y que lleva años de dolor, de soledad, sabe lo que se siente. ¿Para ti la soledad está siendo un gran problema? ¿Te está dejando sin capacidad para disfrutar? Si es así, ¿estás dispuesto a aguantar un poco más o prefieres rendirte aun sabiendo que si te rindes seguirás sufriendo?

En mi caso, me lesioné. La situación en la que me encontraba era un gran problema para mí. Es cierto que te acostumbras cuando no haces nada al respecto, aunque el dolor siga existiendo. Intentas poco a poco intentar convencerte y tener compasión contigo mismo. Pero ves que te estás engañando cuando no aguantas y decides afrontar la realidad. He pensado en muchas ocasiones abandonar mi pasión, aunque no sé si era lo correcto. Lo único que quería era dejar de aguantar ese peso que me mantenía invisible. Este pensamiento es algo que ocurre cuando ya decides no aguantar un poco más incluso por aquello que amas aunque sabes que vas a tener que pagar un precio a cambio. En mi caso, el precio era ser invisible en mi pasión y abandonar para siempre. Por eso puedo empatizar y comprender perfectamente por lo que estás pasando. Quizás estés quemado de tantas dificultades, de aguantar demasiado, y estés pensando que es una mierda la soledad. También es probable que pienses que te cuesta absolutamente todo, mucho más que al resto. Pero tienes que aguantar si quieres volver a ser visible algún día. Así ha sido y nadie te va a ayudar a dejar de sentirte solo, aunque te ayude tu pareja o tus familiares. Ahora toca apechugar. Y sí, sé que puede joder mucho, pero no tienes otra.

Si no actúas antes de tiempo, quizás este sentimiento de soledad se apodere de ti. Y tengas más trabajo para superarlo. Cuando decides dejar de aguantar, empiezas a ver que todo el mundo está en contra de ti, incluso tus seres queridos. Empiezas a sentir que no te comprenden porque consideras que no te están ayudando lo suficiente. Empiezas a aislarte también de ellos sin ningún motivo, solo por creer que no te entienden. También te va a doler verte en esa situación, y la gran mayoría de veces no sabrás hacia dónde ir. Te preguntarás: «¿y ahora qué hago?».

Por eso, te invito a que aguantes un poco más. Pero esta vez, no quedándote quieto y aguantando los golpes que recibes, sino que empieces a actuar y a comprenderte. Si de verdad te duelen todas estas cosas y tienes tantas dificultades, esto debería ser el detonante para que tengas más razón para aguantar. No te puedes rendir de este modo. Por muy solo que te sientas, no es una opción. Aunque creas que no tienes alternativa. Haz cada día pequeñas acciones, pon en práctica lo que has aprendido y verás que cada día dejas de sentirte un poco menos en soledad.

Cometí un gran error al querer poner en práctica mi persistencia, ya que descuidé de algo muy importante: mi felicidad. Cuando decidí regresar a España y luchar por mi pasión, me di cuenta de que no iba a ser un camino fácil. Iba a tener que pasar momentos complicados, tomar decisiones importantes. Pero en aquella situación, había momentos que podían conmigo. Por una parte, estaba dispuesto a aguantar y superar mi sentimiento. Pero por otra, veía que solo dedicaba tiempo a aquello que me estaba consumiendo, y dejando de lado otras como, por ejemplo, la familia y más cosas que también me apasionaban. No sabría explicarte exactamente aquella situación, pero era un bucle emocional poderoso. Creo que hasta que no lo vives, no lo comprendes. Pienso que me puse unas expectativas demasiado altas para el tiempo que me marqué. Fue una etapa demasiado dura en la que estuve aguantando, hasta que me di cuenta de que dejaba de disfrutar. No comprendía por qué, cuando siempre me encantó mi pasión. Las cosas empezaban a ir bien, pero no disfrutaba. Esa fue la realidad, que no puedo hacer algo sin disfrutar y menos aún aguantar algo por mucho que lo deseara si no me sentía feliz. ¿Has dejado de disfrutar y de aguantar por algo que siempre te ha apasionado? ¿No comprendes por qué y te sientes aún más solo, desanimado y decepcionado? ¿Algo que antes era normal ahora tu cuerpo no lo aguanta? ¿Has probado a aguantar disfrutando del proceso de la misma manera que lo hacías al principio? Esta situación se extrapola a cualquier actividad que te puedas imaginar: tus pasiones, actividades, cuestiones familiares, tu soledad….

Eres afortunado de tener lo que tienes, de tener una vida para lograr lo que te propongas. Es normal que haya situaciones que no te gusten. Es normal que debas aguantar un poco más, ojalá pudieras ver lo que es una verdadera desgracia sin que la tuvieras que vivir. La definición de la *soledad* es: «estado de aislamiento en el cual un individuo se encuentra solo, sin acompañamiento de

una persona». Quizás no estes tan solo como crees. Cuando uno
se da cuenta realmente de que está solo, es cuando necesita más
a otras personas. ¿Es tu caso?

21. Un metro más y serás visto

Realmente considero que nadie está solo en este mundo; tienes tu propio dios, tu dolor, ego o tu propio orgullo que siempre te hará compañía. Cuando estás a punto de lograr lo que deseas, abandonas. ¿No te has dado cuenta? ¿Te has preguntado por qué? Muchas veces, para que logres ser feliz y visible, deberás volver a confiar en tus metas. Necesitas confiar en aquello que siempre has deseado, luchar por ello y no rendirte cuando estás a punto de conseguirlo.

La mayoría de las personas que se sienten solas, aunque no lo parezca, tienen sueños. Para algunas, estos sueños serán grandes, para otros, pequeños. No importa, la cuestión es que los tengan. Sentirse solo no es suficiente para que no lo logres. Puedes lograr tu meta aun estando solo. Me acuerdo de que un día, un señor mayor me dijo: «Querido, aunque te sientas solo, puedes lograr lo que te propongas. Todo está en la mente. El hecho de sentirte solo no es motivo para no lograr aquello que deseas». Esas palabras se me quedaron marcadas. Si te paras a pensarlo, es cierto. El hecho de que te sientas solo no es impedimento para que no des un metro más para lograrlo. ¿No es así? Porque ¿acaso las personas solitarias no logran objetivos? Yo creo que sí. Conocerás a personas exitosas que siempre se han sentido solas, han luchado solas y han logrado grandes metas solas. Aunque hayan tenido ayuda de otras personas, han sido ellos en todo momento los que han caminado un metro más. Para mí, eso sí que es de valientes.

Independientemente de que al final no logres tu meta, que es ser visible, no pasa nada. No se ha acabado el mundo si has disfrutado de verdad en lo que hacías. Si aún no lo has logrado, no te afectará tanto como a aquel que no hace nada al respecto. Si a día de hoy te sientes solo luchando por tus metas, pregúntate si estás disfrutando. Quizás ese sea el problema real. No puede ser que hagas un drama de todo ello. Disfrutar, lograr tus metas y compartirlo finalmente con las personas que amas es la parte esencial de una vida plena.

Si con el tiempo dejas de disfrutar, de confiar en que algún día volverás a ser visible, cosa que es normal si llevas mucho tiempo en esta situación, te vuelvas vago. Y cuando vuelves a coger confianza y quieres volver a intentarlo, es lógico que te cueste, ya que has estado mucho tiempo sin rutina, sin motivación. Por eso, mi recomendación es que aunque muchas veces quisieras rendirte y estés cansado de ser invisible, debes hacer un esfuerzo muy grande en mantenerte caminando por el desierto un metro más. Comprendo que sea complicado y que estés muy cansado, pero puedes encontrar tu manera para lograr seguir adelante. Porque así siempre te mantendrás motivado y en movimiento. Y cuando llegue tu momento, estarás mucho más preparado que si te quedas sentado en el desierto. Quizás nunca logres salir de ahí y acabes con sed, deshidratado, hasta puede que acabes sin vida. Si te encontrases en el desierto, perdido, ¿qué harías? Si no tienes agua, teléfono ni un medio de transporte, ¿te quedarás parado o seguirás caminando? ¿Verdad que las probabilidades aumentan cuando estás en movimiento, buscando una alternativa? Así es tu vida, tu día a día, en un desierto soleado y estás solo.

¿Cuál es tu pasión en la actualidad? Bien, si a día de hoy, por lo que sea, no puedes hacerlo como te gustaría, me gustaría saber si eres flexible para crear otra alternativa. ¿Podrías hacer otra actividad de manera provisional como el deporte, aprender un idioma, escuchar música, leer, que ya veo que sí, o cualquier otra ocupación?

A mí, personalmente, siempre me ha ayudado el deporte, en especial, el atletismo. Y cuando estaba a punto de lograr un reto y me ocurría algo que me obligaba a apartarme de ello, seguía con el deporte. Por ejemplo, cuando no podía correr, buscaba una alternativa para poder dar un metro más. Pero esta vez, en vez de correr, practicaba el ciclismo, ya que no tiene impacto. Así puedo seguir luchando y mantenerme vivo y visible. Es normal que si no te apasiona el deporte, quizás te cueste entender la necesidad de este sacrificio. Pero los que aman el deporte saben que es peor que una adicción; sin embargo, en este caso de una manera mucho más saludable. ¿Qué puede hacer por ti el deporte? Controlar tu peso, reducir el riesgo de enfermedades del corazón, controlar los niveles de azúcar en la sangre y de insulina de tu cuerpo. Si has adquirido malos hábitos como fumar, puede ayudarte a dejarlo. Mejora tu salud mental y tu estado de ánimo, mantiene tus habilidades de pensamiento, aprendizaje y juicio a medida que envejeces, fortalece tus huesos y músculos, reduce el riesgo de algunos tipos de cáncer, duermes mejor, aumentan tus posibilidades de vivir más tiempo. Y, sobre todo, dejas de sentirte solo, ya que puedes conocer personas nuevas y compartir tu experiencia.

Puedes encontrar aquello que te ayuda a dar un paso más hasta que te recompongas. Haz aquello que te haga sentirte feliz, mantén una vida saludable y da mucho amor. Evita caer en la trama de la soledad. Muchas veces te encontrarás con que estás a punto de lograr algo grande y, de repente, ¡pum! En esta situación, la mayoría de personas, por no decir todas, en vez de utilizar la adaptación como ya hemos mencionado, lo que hacen es coger malos hábitos. Por poner un ejemplo, se hacen adictos a la droga, castigándose y haciéndose sentir aún más solos de lo que estaban. ¿Por qué te puedes llegar a autocastigar de esta manera? ¿Sabías que vuelves dos pasos atrás desde punto donde te encontrabas antes? Creo que muchas personas no son conscientes de lo que están haciendo, hasta que se encuentran dentro de la situación. Pero considero que uno debe amar lo que haga siempre, aunque se sienta solo y pase por malos momentos. Al final, se acaban superando. Sin embargo, una adicción también, pero es una piedra que ponemos en nuestro camino. Y no tenemos por qué darnos más trabajo para lograr aquello que siempre hemos deseado.

La soledad es sinónimo de falta de felicidad y de disfrutar. Tienes el deber de buscar siempre aquello que te motive, que te haga despertar feliz todos los días. Si no existen estas actividades, las puedes crear tú como ha hecho el Hombre del Hoyo. ¿Conocías su historia?

Es considerado uno de los hombres más solitarios del planeta Tierra. Varias decenas de tribus primitivas habitan la selva amazónica brasileña. Entre esos casos existe uno particularmente llamativo: el de un hombre que vive completamente aislado en la región de Tanaru. Nadie sabe su nombre, ni qué idioma habla ni a qué tribu pertenecía antes de vivir en la soledad más absoluta. De hecho, hoy por hoy es complicado certificar que continúe con vida: ya ha sufrido algún intento de asesinato. Muchos le llaman «el Hombre del Hoyo» porque una de sus costumbres es cavar profundos agujeros, tanto para cazar animales como para esconderse de cualquier extraño que se aproxime a su territorio. Precisamente, esta es una de las cuestiones que desconcierta a los investigadores: ninguna tribu de los alrededores hace nada similar. Él es el único que se comporta así. Creo que él sí que ha entendido perfectamente el sentido de crear su propia felicidad aun sintiéndose solo. Se dice que vive solo en la selva amazónica brasileña desde hace al menos 22 años. Durante todo este tiempo, no consta que haya emitido ni una sola palabra intercambiada ni ningún contacto con otros seres humanos.

Si él ha podido crear su felicidad, ¿por qué tú no?

Cuando uno tiene su meta, el sentido de dar un metro más se relaciona con seguir mejorando. A mí me encanta el mundo de la superación. Por ejemplo, si te conociese personalmente y me contaras tu historia de superación, la vería como un reto personal. Intento conocer muchas experiencias, de eso también aprende uno. Me cautiva ver personas luchando y comprendiendo el sentido de la soledad, del sacrificio, cómo encuentran una manera innovadora de dar un paso más. Cuando me lesioné, por un momento me vi como un emprendedor intentando resolver un problema de una manera eficiente, tardando el menos tiempo posible y con muy poca inversión. Cuando iba a los entrenamientos de rehabilitación, me ponía música de deportistas que consideraba que habían pasado por mi situación. Pensaba en todo momento que si ellos han podido, por qué yo no iba a hacerlo. Quizás pienses que tiene un punto de locura, pero saber que eso me daba la energía para estar activo y seguir dando un paso más cada día, siempre me ha ayudado. Pero quizás a ti no. Debes encontrar tu solución como emprendedor de tu vida y de tu soledad. Al final, te darás cuenta de que cuando no te queda otra opción, encontrarás la manera de hacerlo.

He conocido a muchas personas que siempre dan este paso. Han necesitado la ayuda de alguien que les guíe. Te pueden ayudar, enseñarte varios caminos, pero debes probar y elegir el que más te convenga. Cada uno tiene una capacidad de aguantar, de enfrentarse a los hechos de manera diferente. Por eso, es necesario que cambies la visión que tienes. Y de encontrar tu propio camino hacia la libertad. Creo que las personas te van a tratar según lo que tú les muestres. Si eres débil, sentirán lástima. Si eres valiente y brillante, se te acercarán para que brillen contigo.

La soledad es muy relativa. Sí, así es, cada situación es un mundo. Cada uno tiene un sentimiento, un objetivo, unas circunstancias que no dejan que siga avanzando.

Antes, para mí dar un paso más era lograr entrenar cada día mejor y lograr vencer competiciones. Pero desde la lesión, dar un paso más es ser feliz, disfrutar de lo que hago, intentar compartirlo con las personas que más amo. Ahora, aparte de los logros personales, he aprendido a dar más peso a la familia, a los compañeros y a mi felicidad. Me he dado cuenta de que cuando no puedes hacer lo que amas, debes tener algo a lo que agarrarte para seguir mejorando, seguir queriéndote siempre un poco más, seguir siendo feliz y dar un paso más para lograr encontrar otra vez tu pasión. De esta manera, nunca dramatizamos por perder tu pasión temporalmente. Recuerda que el peor dolor no es sentirte solo, sino no ser capaz de dar un paso más para vivir feliz.

22. Tu amigo visible

Imagínate que tu mejor amigo es invisible. Aunque a día de hoy te sientas solo, realmente sigues comparando la soledad con tus amigos invisibles. No hay peor enemigo para la soledad que la comparación. ¿Por qué no te gusta la imperfección? ¿Por qué no te gusta equivocarte?

¿No estás harto de compararte con tus compañeros invisibles tanto en las redes como en la vida real? Si quieres volver a ser visible algún día, es muy importante que dejes de compararte con nadie. Piensa que probablemente tengas mucho más potencial que ellos. Con el hecho de querer ser como ellos, lo único que lograrás será replicarlos limitando así tus posibilidades, dejándote sin autoridad y siguiendo invisible. Ten en cuenta que ellos también son invisibles y que quizás todo lo que te están mostrando no sea sincero. Fíjate que todas estas personas siempre te explicarán las cosas positivas que les ha sucedido. El día de un gran evento intentarán ir con su mejor prenda de ropa. Es normal que si esta persona tiene más poder adquisitivo que tú, tenga prendas más caras que las que tienes. Pero eso no quiere decir que sea mejor que tú. Fíjate que en los *reels* de Instagram, todos enseñan lo mejor que saben hacer: si no es para hacerse el gracioso, es para mostrar el lujo. Y si no es para mostrar el lujo, es para lograr reconocimiento. Eso no quita que haya personas reales, que disfrutan y les gusta mostrar su pasión. Sin embargo, si te tienes que comparar con personas que solo muestran lo mejor, no te lo recomiendo. Por lo menos, si te tienes que comparar, que sea con personas sinceras y que aprendas de lo bueno y de lo malo. Es probable que muchos de estos no quieran mostrar sus debilidades, ya que lo consideran un tema privado y personal. Por ejemplo, si yo me tengo que comparar es para seguir aprendiendo, para motivarme, no para desanimarme al ver algo que lo único que me hará es sentirme más solo. Creo que todos podríamos aprender mucho más de aquellos amigos que son invisibles. Podemos aprender de ellos, de sus dificultades, de que la vida que tienen no es todo luz como se muestra en las redes. ¿Verdad que te gusta compararte con situaciones más agradables? ¿Consideras que no puedes compararte y aprender con situaciones difíciles?

En definitiva, cuando te compares con tu amigo invisible, que sea para que sigas aprendiendo, fortaleciendo y comprendiendo más tu soledad, pero nunca para compararte y sentirte inferior, porque estarás de manera permanente en el bucle de la soledad.

Siempre he intentado no compararme con mis amigos invisibles, ya que cada situación es diferente. Eso sin olvidar que ellos también han sido transparentes en algún momento de sus vidas. Creo que la soledad es un sentimiento que es inevitable experimentar. Por ejemplo, en 2012, cuando era muy joven, todavía iba a la escuela, estábamos obsesionados con las marcas de las prendas. Comparábamos mochilas, estuches, zapatos, pantalones, camisetas e incluso bolis que se podían borrar. No sé qué intentábamos lograr realmente, pero me di cuenta de que eso nos estaba haciendo daño. Si te preguntas por qué, te diré que hay personas que no pueden lograr aquello que nosotros mismos ponemos de moda. ¿Cómo crees que se sentirán? ¿Crees que se genera un aislamiento? ¡Vaya si lo generaba! Las personas que en aquel entonces no tenía la PlayStation 1 se quedaban sin ser invitadas. Se las aislaba de manera directa. Mi pasión era el deporte en aquel entonces, pero pude ver a muchos compañeros sufrir de soledad por no disponer de lo que tenían otras personas. Verdaderamente yo podía jugar o no a la consola, no me importaba en absoluto. Pero sí me hubiera importado si me hubieran hecho lo mismo con el deporte. Si observas esta situación con detenimiento, te darás cuenta de que la comparación puede ser positiva o negativa según como la estés utilizando y en qué te estás comparando. Te tienes que preguntar si te está aportando algún valor al hacerlo. Empieza a dejar de mirar siempre a fuera para ver la grandeza que hay adentro. Quizás sea cuando empieces a comprender la soledad, la comparación y tus compañeros invisibles.

No estoy en contra de la comparación, todo lo contrario. Creo que si se sabe utilizar puede ser una herramienta muy poderosa. Sin embargo, si no es así, puede aniquilarte y vivirás el resto de tu vida con ese sentimiento de perturbación. Por eso, creo que en la adolescencia hay que explicarles a los chavales de manera concienzuda el sentido que tiene la comparación, pues con ella se crea o se destruye. Ayúdate a vivir sin compararte con tus compañeros invisibles. Refuerza que el día de mañana tus hijos no se centren en las personas que les rodean. Que sean libres, que no se aíslen, que sigan sus propios criterios. Si a día de hoy se encuentran aislados, que sean conscientes de que sus amigos invisibles a quienes admiran también tiene estos sentimientos. Por ejemplo, en mi caso, cuando empecé a ser adulto, siempre me comparaban con mi abuelo. Esa comparación me hacía sentirme inferior, aislado. Mi abuelo ha sido siempre una persona que ha trabajado mucho en la época que las cosas eran mucho más fáciles que ahora. Hoy en día, hay mucha más competición, incluso él me lo ha reconocido. Gracias a todo su esfuerzo ha logrado tener lo que tiene: poder adquisitivo, terrenos, casas… Podría decir que está muy bien establecido. Cuando estoy con él, de visita, pensaba en si todo eso fuera mío. Un día le comenté, le dije: «Me gustaría tener lo que tienes, ¿no me lo pondrías a mi nombre?». Lo primero que hizo fue reírse, y después me contestó: «Hijo, si supieras todo lo que me ha costado y los malos momentos por los que he tenido que pasar, quizás no estarías dispuesto a pagar este precio». Esas palabras me hicieron pensar mucho, aunque al principio no les di mucha importancia. Pero con el tiempo me di cuenta del significado que tenían.

En fin, que siempre vas a querer ser como tus compañeros cuando les veas bien. Pero no olvides que ellos también pasan miserias. Quizás hoy te ha tocado a ti, pero probablemente mañana sea otra persona. Empieza a comprender tu soledad con todo lo que supone. Deja de ver a tus compañeros mejor que tú y de infravalorarte. Porque aunque no lo creas, tú posees mucha grandeza que aún debes descubrir. Ten presente que el momento más solitario que tendrás en tu vida será cuando estás observando cómo tu mundo se derrumba y lo único que hagas sea quedarte comparándote con los demás.

23. Invisible en el pasado

¿Te has sentido invisible en el pasado? Eso no importa. Lo que no puedes hacer es vivir en tu pasado, recordar todo el dolor que has vivido. Debes curar esa herida. También es probable que tengas miedo a volver a vivir esa soledad en el futuro aunque hayas logrado liberarte de ella. Hoy me gustaría que dejaras de pensar en si has sido o si serás invisible. ¿Has logrado comprender tu soledad a día de hoy? Si es así, intenta olvidar todo lo malo que te ha causado. No te mereces castigarte por desconocer un sentimiento que no comprendas en su momento. Obviamente, todos tenemos un cajón oscuro donde guardamos todo el dolor que nos ha causado la soledad y el aislamiento. Pero no por eso tienes que estar abriéndolo cada dos por tres. En mi caso, cuando me sentía solo, venían a mí muchos recuerdos, pero intento recordar solo de los buenos. Por ejemplo, haber conocido a varios compañeros, a mi exentrenador Martin entre muchas más cosas. No sé si es una habilidad, pero te puedo asegurar que funciona. Si hiciera prácticamente lo contrario, pensar en el sufrimiento que pasé, en el dolor y las lágrimas que derroché, lo más probable es que aun habiendo logrado abandonar la soledad, volvería a caer en ella con el paso del tiempo, y eso me demostraría que no la he comprendido.

En ese proceso de soledad en Alemania, mi exentrenador me contó algo que en aquel momento me chocó muchísimo. Martin me contó un día en su casa que él conoció a un atleta muy exitoso que había pasado por varias facetas de depresión, ansiedad y aislamiento porque tuvo una lesión muy grave que le obligó a retirarse por completo: lesión de ligamentos cruzados en las dos rodillas por un accidente en motocicleta. Me propuso hablar con él, que su experiencia me podría ayudar, ya que se encontraba mucho mejor y superó todo el dolor que tenía. También me comentó algo que me marcó mucho, me dijo: «Tu situación es complicada, pero no tanto como la de él, que ya no tiene opciones». Todavía recuerdo esas palabras. Creo que si quieres dejar todo aquel sentimiento de lado, no puedes vivir en el pasado. Finalmente se organizó un encuentro y la verdad fue que me sorprendió la capacidad y el estado de ánimo que tenía.

Es evidente que siempre habrá personas que siempre quieran vivir en el pasado, tanto si es algo positivo como negativo, simplemente para justificar su dolor. ¿Has conocido a alguien, que en el pasado era invisible, y hoy es más visible que tú? ¿Qué crees que ha cambiado? ¿Quizás no eres muy práctico con tu cajón oscuro? ¿Eres tú el responsable de que se abra el cajón? ¿Haces lo mismo con el cajón de la felicidad? Cuando digo cajón también me refiero, a imágenes, vídeos, pensamientos, mantener contacto con aquellas personas que nos generan aquellos sentimientos... En resumen, todo lo que tenga que ver con tu soledad.

Si te soy sincero, pero entre tú y yo, muchas veces he tenido ganas de volver a abrir mi baúl oscuro. Aunque no tenía la necesidad, no comprendo por qué la mente me lo pedía a gritos, haciéndome creer que era una manera de motivarme. Sin embargo, no gasto ni un minuto en pensar en ello, ya que aparte de que me hace daño, me vería obligado otra vez a comprender la soledad y aquel sentimiento. Y si nos fijamos, sería volver a ver mi soledad en el pasado.

¿Conoces a personas que siempre miran su pasado? ¿Crees que te están contaminando? Yo sí he conocido a personas así. Y muchos podrían pensar que no aportan valor. Realmente es así en la situación que se encuentran. Sin embargo, cuando comprendan este sentimiento, creo que pueden aportar mucho más de lo que imaginamos. Pero por desgracia no es así, ya que están anestesiados. Recuerdo que mi compañero, su padre, tenía una empresa de construcción. Era muy reconocido en la provincia. Tenía varios contratos firmados con los ayuntamientos. Siempre ha llevado una vida de lujo. Sin embargo, el día que quebró la empresa se quedaron solos. Culparon a la situación y a los ayuntamientos. Mi compañero vivió todo con intensidad, de tal manera que, aunque eso terminó, no paraba de hablar de ello. Muchos compañeros que llegaron a aprovecharse de él, le dejaron de lado. No comprendía qué estaba pasando. Era como si quisiera regresar al pasado, pero no pudiera. Quería volver a ser visto, a abandonar ese sentimiento, pero esta vez no iba a ser así. Cuando vio que no podía y que ese sueño de fantasías había finalizado, intentó proyectar su futuro sin haber comprendido el sentimiento, sin darse tiempo a la sanación. Hay que tener mucho cuidado con estos sentimientos. No puedo decirte cómo acabó porque por lo que sé, aún está proyectando el futuro. Lo que te puedo decir es que ha dejado de hacer lo que hacía, de disfrutar, porque en su cabeza solo tiene que recuperar esa riqueza a toda costa.

Creo que hay que volver a levantarse, hay que comprender el sentimiento, hay que ser feliz. Pero antes debes prepararte y no caer en la tentación de la obsesión. Uno debe prepararse, pero también darse tiempo a sanar. Por ejemplo, si has tenido una lesión y la lesión requiere un tiempo determinado, tres meses por poner un plazo, no pretendas curarte en dos semanas. Porque cuando no se cumplan las expectativas, te llevarás otra decepción. Es importante que si te quieres preocupar, lo hagas viviendo en tu presente sin que influya tu pasado. De esta manera estarás mucho menos tiempo pensando en lo que hubiera sido.

El arte de comprender nuestra soledad está en nuestra mente. Habrás podido comprobar en varias situaciones como esta puede jugar contigo. Cuando te sientas solo, que sepas que es tu mente la que te lo está afirmando. Ella es la que se adelante a todos los acontecimientos, poniéndote en lo peor. Muchas veces, la solución la tendrás a la vuelta de la esquina, sin embargo, pondrá todo de su parte para que no la veas. Podemos decir que tú quieres ir por un lado, pero ella prefiere tirar por el lado opuesto.

Si es así, ¿estás luchando contra tu propia mente? ¿No es más eficiente intentar comprender esta emoción y deseo? Cuando estuve aislado en Alemania, aunque quería regresar con mi familia, mi mente me la jugaba constantemente, me llegó a hacer creer que mi familia no quería que regresara en ningún momento. Y eso nunca fue así. Pero me costó mucho ver la realidad. Por eso, ahora, para evitar que me la juegue, primero intentó comprender el sentimiento, y segundo, le plantó cara. Si te preguntas cómo lo hice en el ejemplo de antes, finalmente llamé a mi madre y fui sincero. Le pregunté: «¿Vosotros queréis que regrese?», y le expliqué todo por lo que estaba pasando y lo que sentía. Así que de lo que yo creía a la realidad había una gran diferencia.

Ahora que me doy cuenta, he tenido que abrir el baúl oscuro para poder compartir con vosotros varios ejemplos. Pero he comprobado que esta vez domino yo y no dejo que la soledad me domine a mí. Deja que todo llegue a su momento, y cuando llegue, lo solucionarás como lo has hecho siempre. Quizás sea la manera de que no te autoaisles, ni que vivas en el pasado de manera permanente.

24. ¿Por qué me siento solo?

Ninguno de nosotros puede llegar a comprender la soledad si antes no ha aprendido a controlar sus emociones. Puede darse el caso de que no sea tu punto fuerte. Hay gente a la que se le da peor que a otras, es como todo. Se puedes llegar a ver como una habilidad que puedes llegar a entrenar. Si te estás preguntando cómo, primero puedes localizar aquello que te está produciendo esta soledad, y segundo, cómo te estás sintiendo con ella. Si se te da bien reconocerla, lograrás progresar y quitarle importancia a lo que te está generando esta perturbadora sensación.

Muchas personas no logran dominar esta habilidad. Cuando se sienten solas y con ese sentimiento negativo, se paralizan sin lograr dejar de pensar en ello. Es importante que con estas emociones negativas seas capaz de hacerte preguntas. ¿Puede cambiar este sentimiento de soledad?, ¿depende de mí o es algo externo? Si no está en tus manos, es importante que dejes de pensar en ello y no sufras. Siempre he considerado que las personas que no logran abandonar este sentimiento es porque no se quieren autoengañar. Muchas veces saben que está en sus manos y pueden hacer algo más. Sin embargo, lo único que logran es autocastigarse y quedarse paralizados.

Tanto si llegas a la conclusión como si no, lo que ha sucedido ya no lo puedes cambiar. Por eso, lo más conveniente es que te centres en lo que está en tus manos para mejorar pero sin perturbarte más de lo que estás. Si ya ha pasado mucho tiempo desde que tienes este sentir, es importante que conozcas el motivo por el cual te sientes en soledad. Pregúntate: ¿por qué me siento solo? ¿Por qué hace que me sienta enfadado? ¿Por qué no logro liberarme de este sentimiento? Si aun así consideras que debes estar solo, puedes verlo como algo normal, ya que necesitas tiempo para sanar esta emoción. No es necesario que hagas un mundo, lamentándote siempre y pensando que no tiene solución. No te preocupes por este sentimiento negativo, pero tienes muchas cosas buenas para hacerle frente. ¿Verdad que si te preguntara si tienes cosas buenas para hacerle frente me dirás unas cuantas? Si es así, utilízalas para que esta tensión poco a poco se vaya relajando hasta desaparecer.

Por ejemplo, como en el caso de mi tía. Si el día de mañana por desgracia fallece un ser querido tuyo, espero que no te dure mucho tiempo el dolor. Es importante que primero aceptes y segundo, que sepas que vas a estar mal unos días. Pero debes comprender que es normal estarlo, ya que era alguien importante para ti. Empiezas a aceptar que forma parte de la vida, y con el tiempo, se va curando ese sentimiento.

Es cierto que hay cosas que te van a costar más que otras. Por eso, cuanto antes comprendas la habilidad de controlar tus emociones, antes aprenderás a relativizar aquello que realmente no tiene tanta importancia o que está fuera de tu manos. Siempre he considerado que las personas que sufren de ansiedad, depresión y otras enfermedades emocionales es porque no controlan esa habilidad. Es decir, son muy sensibles a todo lo que les ocurre, dándole más importancia a las cosas de lo que deben. A estas personas les diría que quizás lo que les sucede no sea tan importante para la sociedad como se pueden llegar a imaginar. Creo que cada persona tiene sus propios problemas y antes de darse cuenta, ya están en otro pensamiento negativo. Sin embargo, a nadie le importa salvo a tus seres queridos aunque pienses lo contrario. Realmente, si a alguien le importase lo que estás pasando, quizás te hubiera venido a ofrecer la mano por lo menos. ¿No es así? ¿O crees que solo te quieren mal y por eso no vienen a decirte nada, ya que prefieren verte en el estado en el que te encuentras?

Si a día de hoy quieres empezar a comprender por qué te sientes solo para dar importancia a las cosas que de verdad la tiene, empieza a dejar ese sentimiento de preocupación por miedo a lo que dirán de ti. Empieza a dejar de sentirte solo por no lograr aquello que deseas. Y empieza a ver la oportunidad de lograr todo lo que te propongas sin este malestar. Sé sincero contigo mismo y permítete aprender de tus errores.

Algo que seguramente ya te ha sucedido es que alguna vez te haya dejado tu pareja. En aquel momento no quisiste aceptar la soledad. Te sentiste decepcionado con lo ocurrido. Y empiezas a pensar: «¿cómo se le ocurre a ella dejarme a mí?, ¿no podría haberme dado una explicación?». Empiezas a frustrarte y a no aceptar la situación. Si amabas mucho a esa persona, probablemente te habrá costado dormir aquella noche. Es un momento que puede suceder perfectamente en una relación de pareja. Es importante utilizar la habilidad que comentamos para no sentirse solos. Es decir, no dramatizar la situación ni enfadarnos con nadie. Y mucho menos con tu expareja. Muchas veces, es mejor dejar que se calmen las cosas y después ya te pondrás con ello. ¿Te ves capaz de tener la paciencia y calma de esperar a que se tranquilice la situación? Quizás muchas veces puedas recuperar la relación si es lo que deseamos de corazón. Comprender este sentimiento tiene la clave de saber olvidar y perdonar aquello que nos hace daño.

Esta habilidad te ayudará a que, ante una situación incómoda, aprendas a tomártelo con calma, a ser positivo y a pensar que encontrarás una solución al problema. Así te liberarás de la soledad. Muchas veces, la realidad es otra. Si bien no puedes controlar los factores externos que te generan esta emoción, recuerda que siempre puedes controlar la manera en que la ves. Cuando te das cuenta de que realmente te has quedado solo, es cuando necesitas más a los otros. Pero para ello, debes comprender tus emociones.

25. El arte de ser visible

Hay muchas personas que viven con este arte. Hay otros que no saben cómo hacerlo. Si quieres ser visible, sé feliz. ¿Cuánto hace que ya no eres feliz? ¿Todo lo que te sucede lo ves como un problema? Si eres así y permanentemente estás cabreado por cómo te sientes o por lo que te pasa, nunca serás feliz. Y siempre vivirás con ese sentimiento.

Si hoy día, con todos los recursos que tienes para dejar de sentirte solo no lo logras, ¿qué harás el día que seas muy mayor y te sientas así? Probablemente, aún estás a tiempo de disfrutar de lo que te da la vida, por muy desastrosa que parezca. Tú puedes tener toda la paciencia que quieras, pero el tiempo avanzará sin importar lo paciente que seas.

Una mañana del 2021, fui al supermercado porque teníamos que comprar pescado, que nos apetecía comer ese día. No tengo manías con los supermercados, puedo ir a cualquiera. He conocido a personas que si no van a uno en concreto no pueden comprar. Creo que toda la calidad de los productos la escogemos nosotros independientemente de dónde la compremos. De hecho, odio ir los fines de semana y estar todo el día esperando en la cola por el volumen de personas. Suelo ir entre semana, normalmente, los jueves. Fue así cuando me acerqué a la pescadería, y había dos personas delante de mí. Me acuerdo de que la segunda, es decir, la que iba antes que yo, estaba muy nerviosa. Cuando le llegó su turno, veía cómo le hablaba sin respeto al pescadero. Que si quería un poco de bonito, que si quería gambas, un poco de calamares y, finalmente, un poco de salmón. El pescadero, en todo momento, se mantuvo calmado. Le pedía cómo lo quería: si cortado en lonchas, fileteado... Pero la señora seguía sin hablarle adecuadamente. Le pidió varias cosas al mismo tiempo; más tarde, volvió a pedirle otra cosa porque así lo prefería. Veía cómo al pescadero se le ponía la cara roja. Para acabar, le dijo que no lo cortara como ella había dicho, que si se lo podía volver a cortar, que las rodajas de salmón eran demasiado anchas. ¡Vaya!

Pensé: «Señora, lleva todo el salmón cortado así, podías haber hablado antes, ¿no?».

Siempre he considerado que si quieres hacer feliz a las personas, primero debes ser feliz con tu vida. No comprendo a esas personas que no aprecian su felicidad ni la de los demás. ¿Cómo quieres ser visible si todos huyen de ti? ¿Tendrías a una persona así en tu vida?

Por suerte o por desgracia, conocerás a muchas personas que nunca serán visibles, que mucha gente querrá estar muy lejos de ellas. Lo más probable sea que estas personas se sientan solas y nunca se hayan planteado ser felices y volver a ser visibles. Prefieren estar como se encuentran, solas. Y su día a día es esquivar a todo aquel que se encuentren, están siempre enfadados por la vida que les ha tocado, como si la vida les debiera algo.

Mi recomendación: haz como el pescadero. No gastes tu batería con personas así, por mucha lástima que te den. Lo que hacen es acabar con tu energía. Y si mantienes a estas personas en tu vida, no dudes de que te convertirás en un tipo de persona como ellas. Tanto el éxito como la soledad se pegan. ¿Qué sientes cuando te rodeas de personas que no paran de sonreír, que tienen buena energía? ¿Verdad que estarías todo el día con ellas? ¿Cómo quieres que una persona siendo así de feliz se sienta feliz? Esta permanece atrayendo a todas las personas, tanto los felices como los amargados.

Siempre que quieras afrontar tu soledad y ser visible, recuerda que tienes otra herramienta poderosa: la felicidad. Es cierto que no siempre puedes rodearte nada más que de personas felices, ya que, por circunstancias de la vida, muchas veces te verás obligado a tratar con personas amargadas. Por ejemplo, si trabajas en una empresa y tus compañeros son personas que, aparte de sentirse solos, solo resten. Te verás obligado a tratar con ellos. Y también debes aprender a saber llevarlo lo mejor posible. Cuando te encuentres con personas así, recuerda al pescadero. Aunque no es una tarea fácil, muchas veces es preferible quitar de tu vida a personas así.

Si logras ser feliz y le sumas un poco de bondad, no dudes de que dejarás la soledad atrás. A nadie le gusta estar con personas muy aburridas, probablemente huyan de ti. Te pueden considerar amable, pero nadie va a querer ser tu amigo. A todos nos gustan las personas divertidas, que nos hagan reír, que no solo nos cuenten penurias. Fíjate en las personas de Sevilla o de Cádiz, son alegres, ingeniosos, con buena actitud, una conversación muy amigable. Es el caso de Paco, un señor de Cádiz. Lo conocí por un tema laboral. La verdad es que cuando lo conocí, destacaba del resto de compañeros. Un señor que notabas en todo momento su presencia, se alegraba cuando hablaba contigo, hacía que esos momentos pesados sean mucho más llevaderos. Aunque tenía su familia en Cádiz, él era muy feliz en Barcelona. Sabía que tenía que estar aquí por tema laboral, pero siempre que podía iba a visitar a sus seres queridos. Él siempre disfrutaba sonriendo, siendo feliz, estando con los suyos y comiendo bien. El resto lo afrontaba en cada momento. ¡Vaya tiempos! Me acordaré siempre de su frase mítica: «¡Qué pasa, pisha!». ¡Qué crack!

Pues bien, si a día de hoy te sientes solo, pregúntate si eres feliz como Paco. La alegría de vivir te hará abandonar tu soledad. Él tenía el arte de ser visto y tú también puedes tenerlo. Tómate con humor todas las cosas que te rodean. Vive con arte tu vida, hará que tomes tus éxitos y fracasos con humor. Cuando aprendas a utilizar este arte, habrás aprendido a que cuando pidas que te dejen en paz, asumas esa soledad.

26. Transforma tu soledad

Imagínate que pudieras transformar tu soledad. Si analizas todas las cosas que has logrado transformar alguna vez, te darás cuenta de que tienes esta virtud. En una época donde cada día la soledad es un hecho cada vez más frecuente esta capacidad te ayudará.

Probablemente te hayas tenido que reinventar muchas veces. Por ejemplo, antes no te fiabas de comprar por internet. Todo lo que comprabas lo comprabas en empresas físicas, fuera un teléfono móvil o una prenda de ropa. Lo más normal es que a día de hoy la gran mayoría de tus compras vengan del comercio online. ¿Qué pasaría si no te reinventaras de esta manera? ¿Qué crees que pasaría? Diría que estás obligado en cierto modo a buscar aquella transformación si quieres tener facilidad, acceso y no quedarte siempre atrás.

Así pasa con la soledad. Habrá muchos momentos de tu vida en los que deberás tener mucha fuerza de voluntad si quieres un cambio. Si quieres pasar de la soledad a la vida real, debes tener coraje. No es fácil llevar a cabo una transformación. Dejar algún sentimiento, un hábito o aquello que siempre has estado haciendo no es una tarea fácil. Es cierto que no únicamente debes transformar esta soledad cuando te sientas solo, sino también en muchas facetas de tu vida si quieres el éxito. Debes encontrar tu propia transformación, que puede ser desde transformar tu propia soledad hasta aprender un idioma. Lo más importante es que esta sensación te dé confianza y que disfrutes haciéndolo.

En definitiva, no es fácil actuar. Al principio, la transformación puede darte mucha pereza, puede generarte dolor. Pero a la larga no dudes de que te quitará otro dolor que estos días te esté perturbando demasiado. Si te soy sincero, transformar aquello que te está causando mucho dolor es muy bello. Te recomiendo que pruebes lo que se siente. Muchas veces te encontrarás a personas que no tienen otra salida, y ante esta situación actúan utilizando todas las herramientas de las que disponen. Sin embargo, muchos otros cierran los ojos esperando a que alguien lo cambie. Y ese momento nunca llega.

Ese fue el caso de mi tía. Tuvo que transformar esa soledad ya que no podía recuperar a mi bisabuela. Así que para seguir viviendo aquella vida, llena de nuevo, tenía que reventar aquella soledad que la angustiaba. Intentó seguir disfrutando de su marido, de sus hijas y de su felicidad, porque la vida seguía. Con o sin mi bisabuela. Te verás en esta situación más de una vez, porque la vida es así. Es muy bella pero, al mismo tiempo, muy injusta.

Uno de los peores dolores de la transformación se produce cuando quieres transformar y no sabes por dónde empezar. Porque no sabes cuál es el error y, como consecuencia, no puedes corregirlo. Por eso, es importante que, cuando sientas la soledad, trates de cambiar la situación. Es la única manera de prosperar. Eres responsable de encontrar el error. Para ello será necesario que venzas tu pereza. La pereza, con frecuencia, será la que te nuble la vista, y afrontarla requiere esfuerzo. Mi consejo es que no te dejes llevar por ella, ya que si no actúas, permaneces cómodo en tu zona segura, nunca lograrás sacar lo mejor de ti y transformarte. Ni yo ni mi tía habríamos logrado transformar nuestra soledad si hubiéramos hecho caso a la pereza. Si no hubiéramos creado una transformación, diría que el miedo nos había poseído. Recuerda que no nos ha tocado vivir este sentimiento, sino que tú decides si quieres vivir con ello. Además, creo que mi bisabuela nunca se hubiera perdonado que ella fuera la responsable de este sentimiento y en el dolor que estábamos sufriendo. Creo que vivimos poco tiempo en esta vida. Si cuentas las horas que llegamos a estar dormidos, más el tiempo que estamos en vida, te sorprenderías. Por eso, te invito a que tengas coraje y valentía en transformar este sentimiento. No dejes que acabe con tu felicidad. Transformar es buscar oportunidades en los momentos difíciles. Cuando lo has intentado pero no lo has logrado, no te desanimes; permítete que sea un momento, pero debes seguir. Siempre hay una alternativa. Cuando te encuentras en tu casa agobiado, ¿verdad que sales fuera para renovarte? Haz lo mismo con tu soledad, sal afuera y renuévate.

27. Mucho tiempo desaparecido

¿Estás cansado de aguantar? Entiendo que después de tantos palos y tanto tiempo, ya no estes dispuesto a dar más de ti. ¿Ya has aceptado la situación? Tras varios años así, es probable que ya lo tengas interiorizado y más que aceptado.

Pero, por ejemplo, podrías probar hacer lo mismo que mi amiga Lorena, una persona a la que admiro muchísimo y que ha pasado muchos momentos duros. Quizás una de las situaciones anímicas más complejas que pueda sentir uno. Podría decir que se sentía peor que al perder a un ser querido. Todo esto empezó el año 2018, tras sufrir depresión. Ella era una chica a la que le apasionaba salir con sus compañeras, hacer ejercicio, viajar y sobre todo estar con su familia. En especial, le gustaba hacerse fotos en las ciudades que iba conociendo. Siempre llevaba con ella su móvil, que hacía mejores fotos que una cámara de gran calidad. Su historia me cautivó de tal manera que quise dedicarle un capítulo, ya que muchas personas se sentirán identificados con ella. 2018 no fue un año demasiado bueno para ella. Siempre fue buena estudiante, pero ese año, desafortunadamente, no fue así. Tras pasar varios meses con un bajo estado de ánimos, dejó de sentir el deseo por querer estudiar. Ya no tenía ganas de viajar como solía hacer. Con los días, poco a poco perdió la confianza en salir con sus amigas de toda la vida. Creo que fue la primera vez en su vida en la que empezó a sufrir de ansiedad y depresión. Antes de entrar en este estado, era una persona con la que no te cansabas de estar con ella. Quería mucho a su familia, no había un día en que no se acordara de ella. Sin embargo, por varias circunstancias como su autoexigencia, su soledad al final del curso, su pereza por afrontar la vida… le hicieron pasar un mal rato. Ella siempre esperaba que con el tiempo que la situación cambiaría, pero aquel momento nunca llegó.

Se encontró en la situación en que no tenía las herramientas suficientes para hacerle frente. Fue un año difícil para ella y para la familia. Esa situación hizo que se quedara el año siguiente sin estudiar, sin ver a sus amigas y, lo más importante, sin hacer lo que más le apasionaba: hacerse fotos de lo bella que era. ¿Crees que es posible que una persona, de un día para otro, pueda acabar así? ¿Cuáles son los motivos principales que te pueden llevar a esta situación? Sin ninguna duda, era evidente que había perdido mucha confianza. Llevaba una muy mala racha emocionalmente. Empezó a tener pánico al salir afuera, haciendo que siempre estuviera en casa, en la habitación, sin querer hablar con nadie.

Su ansiedad y su depresión le empezaron a apretar el pecho. Empezó a sufrir de insomnio, no había ningún día en que no dejara de pensar qué era lo que le pasaba, sin comprender cuál era el motivo del problema. No entendía qué le sucedía. Era muy fácil para su familia en aquel momento decirle «por favor, Lorena, no pienses mucho y deja de sufrir». Era como pedir a alguien con cáncer que lo dejara de tener. Su madre le decía «no te reprimas tanto, que acabarás con tu vida». Creo que, por impotencia, eso es lo que diríamos todos. Pero realmente no hizo efecto, aunque sí que es cierto que era a las únicas personas que escuchaba en aquel entonces. Ella conocía muy bien su vida, ya había pasado por malos momentos, pero esta vez era una situación nueva para ella. Esta vez la superaba y no supo afrontarlo. Dejó de tener alegría por sus compañeras, que aunque la llamaban, nunca quiso contestarlas. Incluso la familia apoyaba su decisión por miedo a que pudieran empeorar la situación. Después de mucho tiempo sin mejorar, finalmente su psiquiatra decidió ingresarla un mes en una clínica de salud mental.

Me gustaría hacer un pequeño matiz con respecto al manicomio, ya que muchos desconocen el significado de esta palabra. Ya que he oído dar uso siempre con un significado negativo. Como por ejemplo, cuando alguien dice alguna tontería, he oído decir «tú estás loco, debes ir al manicomio». Un manicomio es simplemente un hospital psiquiátrico. Es un establecimiento dedicado al diagnóstico y tratamiento de enfermedades psiquiátricas que cuenta con internamiento. No es un hospital de locos.

¿Por dónde estábamos, que me desvié del tema? ¡Ah, sí! Un día fui a visitarla. Cuando entré, me sorprendí, ya que pude comprobar que muchas personas que se encontraban en la misma situación que mi amiga. Creo que todos tienen el objetivo de volver a ser aquella persona feliz que fueron, volver a casa con los suyos y disfrutar de sus vidas. En todo momento, ella intentó centrarse en lo que estaba en sus manos, que era recuperar esa felicidad. Por muy aislada que estuviera, por un tiempo, estuvo con otras personas que tenían este mismo pesar. Creo que empatizó mucho con ellos e hizo muy buenos amigos. La verdad es que cuando empezó a centrarse en ella y a dejarse ayudar, todo lo demás empezó a surgir solo. Comenzó a olvidarse del tiempo que llevaba en aquella situación. No lo reconocía, pero cada vez con más frecuencia deseaba salir para ir a estudiar, aunque ya se había finalizado el curso. Había días que decía que quería salir del manicomio para ver a su familia. Hubo un día que hizo todo lo necesario para poder asistir al cumpleaños de su hermano. Al principio, el personal sanitario del hospital no quería. Cuando su doctora habló con ella, vio que podía ser algo muy positivo para su recuperación. Así fue, la dejaron salir con la condición de que volviera antes de las siete de la tarde, y si no era así, llamarían a la Policía. Por fin llegó el momento, se arropó de su familia y volvió a disfrutar. Fue un momento muy bello pero, al mismo tiempo, muy duro ya que sabían que esa situación no iba a durar mucho tiempo. Finalmente regresaron, y tanto ella como su familia se echaron a llorar y a sentir mucho dolor. Cada día pasaba, su familia estaba en la misma situación, con esa presión de no saber cuándo regresaría. Sentían la falta de su presencia en todo momento: cuando entraban en la casa y, aún más, en su habitación. Esta vez también sus padres pensaron que su hija llevaba mucho tiempo desaparecida. Creo que el mayor error que cometió su familia fue dar las cosas por hechas. Es decir, pensaron que probablemente nunca la volverían a recuperar. Aparte de que se estaban generando un sentimiento negativo, lo que hacían era perder la esperanza de volver a disfrutar de ella. Después de varias semanas de dolor, tristeza y melancolía, empezó a recuperarse. Su familia acabó muy asqueada de ir siempre al hospital, no por su hija o por las personas que allí estaban, sino porque ya no podían aguantar otro mes en la misma situación. Su padres, al ver que su hija empezaba a recordar de su pasado, a preguntar por sus amigas, se sintieron mucho mejor. Aunque seguían muy jodidos, ya que lo que querían era verla recuperada al cien por cien y en casa. Fue increíble ver la rapidez con que se recuperó. Incluso su psiquiatra lo comentó con la familia. Fue un caso muy concreto porque hubo una recuperación muy positiva. La familia se sintió muy afortunada de poder ver otra vez a su hija. Y digo otra vez, ya que para ellos, durante un tiempo, dejó de serlo. Eso es algo que tuvo muy claro su familia en todo momento, porque aunque haya estado mucho tiempo en la soledad, ellos siempre estarían dispuestos a estar ahí. Tanto para Lorena como para su familia, esta experiencia les hizo ver la vida y la soledad de otra forma. Empezaron a darse cuenta de que aunque estés mucho tiempo en la soledad, siempre puedes volver a hacerte visible. Es evidente que volver a hacerse visible después de estar mucho tiempo en el desierto es muy duro. Pero por muy duro que sea, cuando lo logras, todo eso queda en el recuerdo. Su familia no creía que fuera a regresar a casa, podía haberse quedado ahí como otros compañeros suyos; sin embargo, ella lo logró.

Cuando regresó a casa, decidió retomar sus estudios. Volvió a llamar a todos sus profesores del instituto y se puso al día. La verdad fue que todo los profesores pusieron de su parte para que no perdiera el curso. ¿Quién iba a decir un mes atrás que volvería a salir con sus amigas y a disfrutar de sus selfis allá donde vaya? Lo más sorprendente es que logró empatizar más que nunca con sus compañeros del hospital. Decidió ir a saludar y despedirse tanto de los médicos como de sus compañeros, pero no para siempre.

Este es un claro ejemplo de que, por mucho tiempo que estés buscando solución a tu soledad, tú decides cuándo rendirte. Cuando te sientas en un callejón sin salida, cuando creas que esta soledad ya formará parte de ti, recuerda que a Lorena parecía que se le desmoronaba la vida, pero eso solo fue su sensación. Recuerda que si quieres salir de tu soledad, es cierto que muchas veces parecerá complicado. Pero debes tener claro que quieres salir de este sentimiento negativo. Y ya te anticipo que muchas veces tendrás que superar la barrera más complicada, el tiempo. Paciencia para aprender y lidiar con ello. Así que, cuando vaya pasando el tiempo, quizás te des cuenta de que realmente estás solo, y será cuando empieces a sentir la necesidad de otros.

28. ¿Sabías que tu soledad habla?

¿Conoces la voz de tu soledad? ¿Verdad que muchas veces, cuando has sentido esta pesadumbre te has hablado? ¿Me equivoco? Te darás cuenta de que siempre que te surge este sentimiento encontrarás una voz dentro de ti que te habla. Esta voz deletrea cada palabra de tus emociones. Y muchas veces predomina en la toma de tus decisiones. Crees muchas veces que esta voz es normal, ya que te identificas con estos sentimientos, con lo que te dice. Escuchas a esta voz, hablas todo el día con ella. Empiezas a hacerte su compañero sin darte cuenta. Pero no te culpes, es algo habitual cuando uno siente esta soledad. En mi caso, siempre la he nombrado como «la voz de la soledad».

El mayor problema que tiene esta voz de la soledad está en que te obliga a que tomes decisiones precipitadas muchas veces. Ella está tan necesitada como tú de comprender o eliminar este sentimiento perturbador; sin embargo, no te dice cómo. Lo único que quiere es que actúes, no le importa si lo logras o no. Ella tiene la finalidad de seguir manteniendo conversación contigo. Parece todo una locura, ¿verdad?

Es como tener a un niño que cada día te está diciendo que quiere ir a Port Aventura. Finalmente, depende de la habilidad que tenga el niño, lo acabará logrando o no. Así es con tu voz de la soledad. Si eres sensible hacia tus sentimientos, no dudes que acabarás haciendo lo que te diga la voz.

¿Crees que esta voz ya te ha jugado malas pasadas? ¿Crees que es ella quien domina? ¿Sientes satisfacción obedeciéndola? ¿Escucha alguien los discursos que tienes con la voz de tu soledad? Es inevitable que, con el tiempo, la veas como mala compañía. Siempre que le has hecho caso, te ha traído problemas. Eso sucede porque nunca te has parado a comprender tu voz. Has sido influido por ella, pensando que ella forma parte de ti.

Quizás así sea, pero quizás no quiera lo mejor para ti. Este punto es muy importante. Porque si logras abandonar esa compañía tóxica, que nunca te ha aportado valor, empezarás a comprender tu soledad. ¿Abandonarías a un ser querido si no te aporta valor? Así es tu voz de la soledad. Te lleva por donde quiera, y eso no debería ser así. Empieza a tomar el control de con quién hablas y de lo que deseas hacer realmente. Habrás oído que es mejor estar solo que mal acompañado.

Cuando veas a alguien solo y que no quiere comprender nada de lo que le digan, sabrás que está luchando y manteniendo una conversación muy importante con su voz de la soledad.

Pues eso, cuando logres mantener silenciada la voz de tu soledad, tendrás paz en tu interior para poder afrontar tu verdadero problema. Y no olvides que la voz de tu soledad no es tu mejor amigo ni forma parte de ti por mucho que compartas tiempo con ella.

29. Admite tu soledad

Imagínate que aceptas tu soledad. ¿Qué crees que pasaría? En ocasiones, aceptar un sentimiento negativo no es tan sencillo como puede parecer. Cuando me refiero aceptar no quiero decir que no cambie tu situación, sino que para comprender esta emoción, como puede ser también la voz de tu soledad, debes aceptar.

Por eso, siempre te encontrarás a personas, que te dirán que «yo siempre he sido así». Si este sentimiento te está aniquilando, sinceramente, ¿no crees que hay algo que puedes cambiar? Ahora bien, si no aceptas y aun así te crea dolor, no dudes de que estarás mucho tiempo así. Lo más sorprendente es que muchos piensan que mantener esta decisión es una cuestión de fortaleza. Pero para mí es una cuestión de ignorancia, ver algo que te está afectando y persistir en no cambiar nada. Dejo que opines tú.

Es una virtud y lograr aceptar tanto nuestra soledad como nuestras derrotas está en nuestras manos. Tú eres el capitán de tu soledad, tanto la voz como tus sentimientos solo son los tripulantes de este barco.

Es cierto que hay cosas que no podrás cambiar y que deberás aceptarlas tal como son. Por ejemplo, si eres un chico de baja estatura, eres estéril o has nacido sin vista, deberás aceptarlo y, lo más probable sea que no puedas cambiar la situación. Sin embargo, la soledad la puedes aceptar y, a diferencia de las anteriores, la puedes cambiar. Pero antes debes ser muy agradecido contigo mismo.

Aléjate de aquellas personas que te obstaculizan el cambio y a que logres aceptar tu soledad. Quizás no aceptes tampoco eliminarlas de tu vida, pero date tiempo. Con el tiempo, empezarás a ver que eres más feliz por aceptar todas las cosas como tal. Después ya te preocupas de si es algo que puedas cambiar o no, pero el mero hecho de aceptar ya es un punto vital para tu vida. En estos casos, puedes utilizar el tiempo como herramienta. Empezarás a conocer muy bien tu cuerpo y a saber si estás progresando o no. Si eres consciente de que con el tiempo quieres evolucionar, sin darte cuenta empezarás a aceptar la situación en la que te encuentres. Será cuando verdaderamente empiece el progreso, la sanación. Acepta que también te ha tocado a ti. ¿Piensas que eres un desgraciado?, ¿crees que no debías ser tú el elegido? ¡Qué le vamos a hacer, te ha tocado! Bueno, sí, sí que puedes hacer algo hoy mismo. Aceptar tu situación. Quizás al principio te cueste, pero ya verás que si de verdad te mentalizas para ello, con el tiempo dominarás también tu aceptación. Para todo requiere práctica. ¿Por qué no tiene que ser así con la aceptación de la soledad? Recuerda que cuando llevas mucho tiempo acostumbrado a tu soledad, es muy difícil que la aceptes.

Necesito tu ayuda

¡Hola! No sé si dirigirme a ti o a tu voz. Espero lograr hablar contigo. En primer lugar, muchas gracias por descargar o comprar mi libro. Realmente aprecio los comentarios y me gustaría escuchar el tuyo. Tu aportación es importante para mí.

Si te gustó el libro, por favor, ¿serías tan amable de dejar un comentario honesto en Amazon? Me ayudarás a que otras personas encuentren el libro y a mí, a llegar a más gente.

¡Muchas gracias!
Soufiane

Despedida

¡Hey! Ha llegado la hora de despedirnos, pero no para siempre. No cabe duda de que has hecho un gran esfuerzo en cambiar tu vida.

Mi objetivo es capacitar a las personas para que construyan una vida que siempre han deseado, dándoles todas las herramientas necesarias para que eso pase.

También te invito a que leas mis otros libros:

El Poder de Rozar tu Meta: Cómo dejar de dudar de ti e impulsar tu confianza con autoestima

https://leer.la/B097Q9PPWR)

Buscando el consuelo en la fantasía: El deseo de querer y no poder

http://leer.la/B09D59TFST

http://leer.la/B09LTFW2CN

Si deseas contactar conmigo, puedes hacerlo escribiéndome un *e-mail* a info@sofianmabu.com.

Si quieres más información, también puedes encontrarme en mi página web www.sofianmabu.com. Estaré encantado de seguir en contacto contigo.

Agradecimientos

Quería empezar a dar las gracias a todos aquellos que habéis disfrutado de *Sabiduría perdida en el desierto* y la han puesto en práctica tanto en sus vidas profesionales como en su día a día.

Dar las gracias a mis hermanos: Anas, Omaima, Achraf, por ser para mí los seres que me inspiraron a ser mejor persona y me ayudaron a superar mis límites. A mi madre, Fátima, un ser lleno de paz y amor por la vida, que siempre me ayudó. A mi padre, que siempre intentó darme fuerza desde las raíces, para seguir creciendo hacia mis objetivos. A mi mujer, Farah, por aguantarme y porque es un ser tan lleno de belleza que me ayuda a superar el miedo. A mi hijo Haron, que cada día tenga ganas de verlo crecer felizmente. Para finalizar, a Arnau M., Josep C, y a Martin, por haber estado ahí cuando más solo me encontraba. Quiero agradecer a todas aquellas personas que en algún momento han contribuido a que sea lo que soy a día de hoy. ¡Gracias a todos!